古典文獻研究輯刊

十五編

潘美月・杜潔祥 主編

第 1 冊

《十五編》總目

編 輯 部 編

尤袤及其《遂初堂書目》研究

林 育 慈 著

國家圖書館出版品預行編目資料

尤袤及其《遂初堂書目》研究／林育慈　著 — 初版 — 新北市：
花木蘭文化出版社，2012〔民 101〕
目 2+142 面；19×26 公分
（古典文獻研究輯刊 十五編；第 1 冊）
ISBN：978-986-254-984-1（精裝）
1.（宋）尤袤　2.私藏目錄　3.版本學　4.研究考訂
011.08　　　　　　　　　　　　　　　　　　　101015056

ISBN-978-986-254-984-1

9 789862 549841

古典文獻研究輯刊
十五編　第 一 冊　　　　　　ISBN：978-986-254-984-1

尤袤及其《遂初堂書目》研究

作　　者　林育慈
主　　編　潘美月　杜潔祥
總 編 輯　杜潔祥
企劃出版　北京大學文化資源研究中心
出　　版　花木蘭文化出版社
發 行 所　花木蘭文化出版社
發 行 人　高小娟
聯絡地址　新北市永和區中正路五九五號七樓
　　　　　電話：02-2923-1455 ／傳眞：02-2923-1452
網　　址　http://www.huamulan.tw 信箱 sut81518@gmail.com
印　　刷　普羅文化出版廣告事業
初　　版　2012 年 9 月
定　　價　十五編 26 冊（精裝）新台幣 42,000 元　　　　　版權所有‧請勿翻印

《十五編》總目

編輯部　編

《古典文獻研究輯刊》十五編　書目

《十五編》各書作者簡介‧提要‧目次

第一冊　尤袤及其《遂初堂書目》研究

作者簡介

　　林育慈，民國 67 年出生，華梵大學東方思想人文所碩士班畢業，原任教於基隆市立大德國民中學，現爲新北市立樹林高中國文科教師，著有「尤袤及其《遂初堂書目》研究」一書。

提　要

　　尤袤字延之，南宋『中興四大詩人』之一，其文章在當時也很有影響，然寶慶元年一場大火，其詩文多毀，故後世鮮有論及其詩文。現存宋代私家藏書目錄多亡佚，僅存晁公武《郡齋讀書志》、尤袤《遂初堂書目》及陳振孫《直齋書錄解題》三種，晁公武之研究，現有劉兆祐《晁公武及其郡齋讀書志》專書，陳振孫則有何廣棪師《陳振孫生平及其著述研究》專書陳述，而尤目因著錄簡陋，引用者少，亦無專書探討。然《尤目》爲版本目錄的鼻祖，且其分類多有創獲，影響後世目錄著作甚深，實不可不加以探討。

　　尤袤的相關文獻，除了《宋史》尤袤本傳及尤圯的《萬柳溪邊舊話》有較詳細的記載外，其他資料多殘缺散佚，因此本論文於其生平，參以《宋會要輯稿》、《南宋館閣錄》、《梁谿遺稿》、楊萬里《誠齋集》、《遂初堂書目》等書整理彙考，使尤袤生平更爲明確。

　　本論文共分六章，第一章爲〈前言〉，說明研究動機與方法。第二章爲〈尤袤之家世〉，追溯尤氏家族之由來及重要人物之紀述。第三章爲〈尤袤之生平〉，用繫年方式著錄尤袤生平，再分述其交游、著述、刻書等事蹟。

第四章為〈《遂初堂書目》內容〉，為本論文探討的重點，除了詳細說明尤目成書、體制、特色等要項，特別著重於「版本」著錄方面的探討，並於第五章〈《遂初堂書目》對後世中外目錄編纂之影響〉中，針對其「版本目錄」創舉對後世中外書目的影響，列舉各朝代目錄書籍中採用版本目錄者說明其重要性和影響力。末附以結論和一己田野調查中所得，及拍攝尤袤故居與墓碑的照片。

尤袤所存文獻多已散佚而鮮為後人所重，然其《遂初堂書目》中著錄「版本」，卻為目錄學開創新的著錄方式，引起後世目錄學家對「版本」著錄的重視。

第二冊　《藝文類聚》纂修考論

作者簡介

　　韓建立，吉林省吉林市人。吉林大學古籍研究所博士。目前任教於吉林大學文學院，講授中國語文教育史、唐宋詩詞欣賞、大學語文、應用寫作等課程。主要研究方嚮為古代文獻與文學、語文課程與教學。

提　要

　　本文將《藝文類聚》的編纂放在唐初特定的政治、經濟、文化、學術、思想發展的背景下加以考察。通過對《藝文類聚》的編纂動因、主導思想與過程，編纂結構與體例，以及編纂與分類學、目錄學、文體學的關係等方面，對其進行多角度的考察。

　　通過《藝文類聚》這一個案的研究，總結類書編纂的一般規律，從而為建立類書編纂學，提供原創性的研究成果。

　　剖析《藝文類聚》類目編排的深刻內涵，分析以類相從、事文合璧的編纂方法與類書體制，論述參見的方法。

　　探究《藝文類聚》分類思想的淵源，揭示其分類體系所反映的傳統文化觀念。

　　論析《藝文類聚》有效運用了類目註釋、互著與別裁、類目參照等目錄學方法，提高了自身的應用價值。

　　指出《藝文類聚》最早運用了分類與主題相結合的目錄體系，使其具備了一定的檢索功能；這種多功能的目錄形式，是對古典目錄學的傑出貢獻。

　　對《藝文類聚》選錄的文體數量與名稱進行辨正，明確了選錄的常用文體；對其文體，按詩、賦、文三大塊歸類加以論析，探討編者的文體觀和審美取向。

目 次

第三冊　顧棟高《春秋大事表》研究

作者簡介

　　魏千鈞：國立臺灣大學中國文學系學士、碩士，目前爲國立臺灣大學中國文學系博士候選人，指導教授爲何澤恆教授。曾任國立臺灣大學人文社會高等研究院《東亞文明研究叢書》編輯助理。著有《顧棟高春秋大事表研究》一書，並發表〈毛奇齡古文尚書冤詞研究〉、〈上博二民之父母與禮記孔子閒居中「五起」順序優劣評議〉、〈左傳諸侯五月而葬說考辨〉等學術論文。

提　要

　　《春秋大事表》一書在《春秋》學史上有其重要性，但之前缺乏全面而深入的研究，本論文旨在全面考察此書特色與優缺點等問題。首章先對顧棟高的生平和《春秋大事表》的內容架構、成書經過有所論述。繼而從體裁編纂的角度切入分析，關注顧棟高在編纂各表時，並非隨意綴輯，而是用經經緯史的觀念來統攝各表，即史是變動的，必須透過觀察，瞭解其中變化的意涵，變動的史終究要回歸不變的經，也就是聖人透過《春秋》以垂教。顧棟高研究春秋，便是先從歷史下手。歷史的各種層面中，他又特別重視曆法和地理，用此建構春秋的客觀存在，有助於瞭解歷史事件的發展和意義，藉此探求《春秋》書載的眞義。有了春秋的時空座標軸後，則可以進一步分析春秋的歷史。全書有關歷史的表可分成禮制、政治、軍事、世族、人物等類，將春秋各種「大事」都含括在內。《大事表》中對於時空和人事的分析，可說是對春秋歷史的探討。歷史的框架最終仍要回歸到經學的統攝，所以書中對於《春秋》經、傳、注的相關問題，也有詳細的探討。論文的第二章到第四章即據此將各表分成時間地理的考證、人事的歸納分析、經學的研究三方面，深入探討書中各表的體例、用意和優缺點。

　　論文的第五章先歸結和析論歷來學者對《春秋大事表》的評價，接著分

析此書的特色。全書展現了表體的彈性調整的特色，又有論說考辨強化深度，是相當成熟的著作。至於顧棟高選擇表體編纂《春秋大事表》的原因，和主張用屬辭比事解釋《春秋》有關。顧氏反對一字褒貶之說，主張綜觀春秋歷史脈絡，結合客觀的時空等因素來評斷褒貶。表體具有透過排比史事來揭露歷史的脈絡的特性，就此而言顧氏選擇史表作為體裁的用意不言而喻。論文最後從綜觀全書的角度客觀分析其中的優缺點，衡量其中的得失，進而肯定《春秋大事表》在春秋學史上的重要性。

目 次

第四冊　張說年譜新編

作者簡介

　　熊飛，本名熊賢漢，武漢市江夏（原武昌縣）人。華中師範大學中文系畢業，即分配在高校任教。1997 年被評聘爲教授。長期從事古代文史教學研究工作，擔任過現代漢語、文藝理論、古代文學、文獻學等專業課程的教學，曾被評爲校「十佳教師」。1999 年獲全國高等師範院校曾憲梓獎三等獎。科研也獲得較大成績，參加了國家級科研課題《新編全唐五代詩》的編纂工作，主持了省教委社科重點科研課題三項。在《辭書研究》、《學術研究》、《敦煌研究》、《北師大學報》、《文獻》、《中國書法》、《中國典籍與文化》等數十家刊物發表論文百篇。近年從事唐代文化名人張九齡、張說研究與其文集的整理工作，已經出版了《懷素草書與唐代佛教》（香港教育出版社，2005）、《張九齡集校注》（85 萬字，中華書局，2008）等多部著作。《張說文集校注》也與中華書局簽訂了出版合同。其對盛唐「二張」的基礎研究，走在學界前列，在國內及港澳臺地區產生了較大影響。

提　要

　　張說（六六七～七三一），字道濟，一字說之。其先范陽人，祖上世居河東，後徙家河南，遂成洛陽人。

　　張說歷仕武后、中宗、睿宗、玄宗四朝，前後「三登左右丞相，三作中書令，唐興已來，朝右莫比」，其政治地位顯赫，是一位跨越武后時代與玄宗時代兩大歷史階段的典型人物。在文壇上，他之述作被視爲「大手筆」，其詩其文其詞當時就被編爲三十卷，廣泛流布，在社會上產生了極大的影響。其時士子，也無不以出自燕公門下爲榮。

　　本譜是作者充分利用自己多年從事唐代文史研究和整理《張說文集》的資源，在陳祖言《張說年譜》基礎上編成。本譜一是糾正了《陳譜》的明顯錯誤，二是理清了張說生平仕歷中的一些缺環，三是充實了十分豐富的政治歷史研究資料，四是弄清了張說交遊中的一些人事關係，五是將作品最大限度地作了繫年。作者治學嚴謹，考證翔實，結論可靠，是一部很有學術特色的唐人年譜。

目　次

第五冊　張九齡年譜新編

作者簡介

　　熊飛，本名熊賢漢，武漢市江夏（原武昌縣）人。華中師範大學中文系畢業，即分配在高校任教。1997 年被評聘爲教授。長期從事古代文史教學研究工作，擔任過現代漢語、文藝理論、古代文學、文獻學等專業課程的教學，曾被評爲校「十佳教師」。1999 年獲全國高等師範院校曾憲梓獎三等獎。科研也獲得較大成績，參加了國家級科研課題《新編全唐五代詩》的編纂工作，主持了省教委社科重點科研課題三項。在《辭書研究》、《學術研究》、《敦煌研究》、《北師大學報》、《文獻》、《中國書法》、《中國典籍與文化》等數十家刊物發表論文百篇。近年從事唐代文化名人張九齡、張說研究與其文集的整理工作，已經出版了《懷素草書與唐代佛教》（香港教育出版社，2005）、《張九齡集校注》（85 萬字，中華書局，2008）等多部著作。《張說文集校注》也與中華書局簽訂了出版合同。其對盛唐「二張」的基礎研究，走在學界前列，在國內及港澳臺地區產生了較大影響。

提　要

　　張九齡是唐代傑出政治家、思想家、文學家，素有「嶺南一人」之稱，其《曲江集》亦被稱爲「嶺南第一名集」。政治上，張九齡爲開元名相，是與唐玄宗一道續寫熊飛，本名熊賢漢，武漢市江夏（原武昌縣）人。華中師範大學中文系畢業，即分配在高校任教。1997 年被評聘爲教授。長期從事古代文史教學研究工作，擔任過現代漢語、文藝理論、古代文學、文獻

學等專業課程的教學，曾被評爲校「十佳教師」。1999 年獲全國高等師範院校曾憲梓獎三等獎。科研也獲得較大成績，參加了國家級科研課題《新編全唐五代詩》的編纂工作，主持了省教委社科重點科研課題三項。在《辭書研究》、《學術研究》、《敦煌研究》、《北師大學報》、《文獻》、《中國書法》、《中國典籍與文化》等數十家刊物發表論文百篇。近年從事唐代文化名人張九齡、張說研究與其文集的整理工作，已經出版了《懷素草書與唐代佛教》（香港教育出版社，2005）、《張九齡集校注》（85 萬字，中華書局，2008）等多部著作。《張說文集校注》也與中華書局簽訂了出版合同。其對盛唐「二張」的基礎研究，走在學界前列，在國內及港澳臺地區產生了較大影響。

開元盛世的著名政治家；文學上，張九齡前承「四傑」及張說、陳子昂的革新傳統，把唐代文學導引到正確的發展軌道，後開「清淡之派」先河，王孟李杜的輝煌，與張九齡等前輩的大力鋪墊是分不開的。

本譜是作者充分利用自己多年從事唐代文史研究和整理《曲江集》的資源，在何格恩《張九齡年譜》與《張曲江詩文事蹟編年考》基礎上編成。本譜一是糾正了《何譜》及《何考》等張九齡研究領域的明顯錯誤，二是理清了張九齡生平仕歷中的一些缺環，三是充實了較爲豐富的唐代政治歷史研究資料，四是弄清了張九齡交遊中的一些人事關係，五是將作品最大限度地作了系年。本譜應爲治唐代文史之學者案頭必備之工具。

目　次

第六冊　《馬可波羅遊記》的困惑

作者簡介

　　申友良（1964～），男，籍貫湖南邵陽。歷史學副教授（校方聘為教授），現供職於湛江師範學院歷史系。1996 年博士畢業於南京大學，師從陳得芝教授。1998 年又到中央民族大學博士後流動站師從王種翰教授和陳連開教授。主要研究專長為中國古代史、中國民族史、中西文化交流、廣東地方史等方

面，特別是在中國古代北方少數民族研究、中國古代遼金元時期歷史研究以及馬可波羅研究等方面已經取得了初步的成果。先後出版專著《中國北族王朝初探》、《中國北方民族及其政權研究》、《馬可波羅時代》、《報王黃世仲》等 4 部，合著有《文物鑒定指南》、《新中國的民族關係概論》、《中國歷史地名大辭典》等 3 部，發表學術論文 60 多篇。

提　要

　　自《馬可波羅遊記》問世 700 多年以來，它給不同時期的中外學者們和愛好者們帶來了不少的困惑和誤讀。因此，解決《馬可波羅遊記》本身所存在的問題就具有決定的意義了。而這個問題以前一直都是被忽視的。

　　迄今為止所有的研究成果都是在對《馬可波羅遊記》本身的考證、論證等的基礎上取得的。然而目前的馬可波羅研究卻一直處於停滯不前的狀態，這就與《馬可波羅遊記》本身存在著莫大的關系。因此，本選題將揭開馬可波羅以及《馬可波羅遊記》的神秘面紗，還歷史以真實，讓人們更多地了解馬可波羅和《馬可波羅遊記》。

　　而問題的關鍵在於《馬可波羅遊記》本身所帶來的困惑。以往的研究成果在方法論上是以《馬可波羅遊記》作為研究的起點的，在指導思想上是躺在《馬可波羅遊記》上來研究《馬可波羅遊記》。這樣以來，解決《馬可波羅遊記》本身所存在的問題就具有決定的意義了。而這個問題以前一直都是被忽視的。

　　本課題的研究主要想解決兩個方面的問題：1 是《馬可波羅遊記》到底帶來了哪些困惑？2 是《馬可波羅遊記》所帶來的困惑的原因分析。因此，把整個研究分為了三個大的部分，即困惑、新解和啟示。儘管在研究的過程中困難重重，也出現多次申請資助無果的情況，能夠達到現在的模樣，還得懇請專家同行多多批評指正為盼。

目　次

第七冊　《武經總要》研究

作者簡介

李新偉,男,1976 年生,河南漯河人,史學博士,軍事學博士後。武警北京指揮學院講師,兼任中國歷史文獻學會會員、中國孫子兵法研究會會員、濱州學院研究員。主要研究領域爲中國古代軍事文獻、軍事思想。先後在《軍事歷史研究》、《軍事歷史》、《國立國家圖書館學刊》(臺北)等發表論文二十餘篇,出版著作一部,主持中國博士後科學基金項目一項、參與國家社科基金項目兩項。

提　要

宋仁宗年間,北宋與西夏爆發了激烈戰爭。當時,「王師出伐」,卻屢敗

於「蕞爾小邦」。究其原因，宋仁宗等人認爲主要是將帥昧於古今之學，因而專設書局，特命丁度總領，曾公亮、楊惟德等人編纂了《武經總要》一書。

該書作爲中國古代第一部官修大型綜合類兵書，可圈可點之處甚多。首先，眞正創立了中國古代綜合類兵書的編纂體例，不僅設置比較全面、合理，還存有大量繪圖，文圖並茂。其次，作爲北宋以前兵學的系統總結，體系十分宏大，四十卷（一說四十三卷），洋洋灑灑 50 餘萬字，「凡軍旅之政，討伐之事」，無不載記，內容十分豐富。複次，注釋內容全面廣泛，注釋方法多樣、系統，義理考據兩不偏廢。最後，反映了一些先進的思想文化理論。在軍事方面，儘管以匯總爲主，但也包括了許多值得稱道用兵作戰思想；在科技方面，許多內容代表了宋代科技發展的最高水準，甚至有些還是當時世界最先進的科學發現。

當然，該書也存在一些不足。主要表現在內容不精，引注不清；文人論兵，書實相脫；雜含陰陽，弊多利少。然則，瑕不掩瑜，它不僅對當時軍事教育和國防力量的加強起到一定作用，引起了文人論兵的熱潮，同時還被歷代兵家奉爲經典，多加襲用，產生了較爲深遠的影響。

目　次

第八、九冊　20世紀《文心雕龍》研究史論

作者簡介

　　李平，男，1962 年 2 月生，安徽蕪湖人。現為安徽師範大學文學院教授，《學語文》雜誌主編，中國《文心雕龍》學會常務理事。主要從事中國古代文論和中國文化的教學和研究工作。著作有：《文心雕龍綜論》、《中國文化散論》、《氣功與中國文化》、《道教文化》、《梁啟超傳》等。另在加拿大《文化中國》，香港《東方文化》、《中國文化研究所學報》，臺灣《中國文化月刊》以及大陸《文藝研究》、《文藝理論研究》、《孔子研究》、《周易研究》、《古代文學理論研究》、《文心雕龍研究》、《文藝理論與批評》、《外國文學評論》、《文獻》、《東方叢刊》、《江海學刊》、《學術界》等學術刊物上發表論文五十餘篇。

提　要

　　《文心雕龍》是一部「體大思精」的文學理論巨著，研究《文心雕龍》的「龍學」已成為海內外「顯學」。明清以來，特別是進入 20 世紀以後，有關《文心雕龍》的研究成果可謂汗牛充棟，梳理這些研究成果並對之進行客觀、公允地分析、評價，是今天「龍學」界的當務之急。本書以 20 世紀《文心雕龍》研究中的重大成果為主要研究對象，先對 20 世紀《文心雕龍》研究

進行整體的回顧與反思，接著對 20 世紀 9 位各具特色的著名「龍學」家——
——黃侃、范文瀾、楊明照、王利器、王元化、詹、牟世金、王更生、祖保
泉————進行個案分析，其重點不在於對 20 世紀《文心雕龍》研究作歷時
性的平面描述，而主要通過對經典著作的深入、細緻的分析和考證，理清版
本源流、文體特色，並將其置於 20 世紀《文心雕龍》研究史的整體背景中進
行考察、研究，揭示其價值、意義和地位，且對研究對象存在的不足及可商
榷的觀點提出異議，與其進行對話，力求做到不偏不倚，以點帶面，點面結
合。這是本書不同於一般的文心雕龍研究史的地方，也是其原創性之所在。
在具體研究過程中，根據研究對象的不同，靈活採用不同的方法，將史論結
合、比較對照、文獻考證和統計列表等方法融爲一體，力求論證科學嚴謹，
結論紮實可靠。全書以人爲綱，以論爲主，史論結合，綜合起來又能見出 20
世紀《文心雕龍》研究史的整體風貌特徵，具有十分重要的學術價值。

目　次

第十、十一冊　　《陳眉公家藏祕笈續函》小說類作品之研究

作者簡介

薛雅文

學歷：東吳大學中國文學系博士

經歷：現職明道大學中國文學系專任助理教授。曾參與東吳大學共通課程教學提昇計畫、東吳大學教學卓越計畫、明道大學人文學院「2009 齊白石藝術創作紀念展」、明道大學人文學院「媽祖國際學術研討會」與明道大學先期性「《寶顏堂祕笈》子部書籍研究」等計畫。

論文：博士學位論文《《陳眉公家藏祕笈續函》小說類作品之研究》，學術刊物與會議論文有：〈評《管錐篇》論《太平廣記》中之小說〉、〈論教學取材古典小說示例以《閱微草堂筆記》愛情主題故事為例〉、〈從國家圖書館《閱微草堂筆記》典藏版本觀文獻整理的新局面〉等十餘篇。

合著編輯專書有：《大學國文 e 點靈》、《語言文學課程與教學學術研討會論文集》；數位電子書（與許清雲教授合著）有：《詩詞曲全文檢索系統》、《世說新語全文檢索》、《樂府詩集全文檢索》、《文心雕龍全文檢索》、《藝人類聚》、《紅樓夢》、《三國演義》、《儒林外史》、《西遊記》、《水滸傳》等。

提　要

本論文題目「《陳眉公家藏祕笈續函》小說類作品之研究」，係以明代陳

繼儒等人編纂《寶顏堂祕笈》中之《陳眉公家藏祕笈續函》作爲研究主題。研究重點聚焦在該部叢書收錄十四部小說內涵特色，且兼顧文獻版本之優劣探討。

研究範圍：其一，《寶顏堂祕笈》共六集，本論文擇其中《陳眉公家藏祕笈續函》作爲研究對象，除綜述《寶顏堂祕笈》外，重點在就《陳眉公家藏祕笈續函》之編纂緣起與經過、選錄小說作品標準等，予以分析探討。其二，《陳眉公家藏祕笈續函》計收錄五十部作品，今擇定其中十四部小說類作品以爲檢視該部叢書之媒介。

研究目的：藉由《陳眉公家藏祕笈續函》收錄十四部小說類作品，透過同是「明萬曆間繡水沈氏尙白齋刊本」或與明代著名叢書版本相互比較後，以評論編纂者陳繼儒於該套叢書選書鑑別能力與校勘用力程度。經過多方研讀、比較、判別，旨在論斷《陳眉公家藏祕笈續函》中之小說作品，是否值得研究者來利用與研究，且明白指出該部叢書於文獻學上之價值和貢獻。

內容綱要：「第一章　緒論」，主要針對研究動機、研究範圍及方法、文獻回顧與評述、預期成果及自我評估等項作概述。「第二章　《陳眉公家藏祕笈續函》綜合探討」，先介紹《寶顏堂祕笈》系列叢書，後就本論文主題《陳眉公家藏祕笈續函》收錄作品內容、小說作品標準等予以評述。「第三章　《陳眉公家藏祕笈續函》志人小說之版本暨內容考述」，除簡述四部志人類小說作者、內容外，主要探討重心在小說版本文獻比較分析與作品是否具備文學內涵等問題。「第四章　《陳眉公家藏祕笈續函》志怪傳奇小說之版本暨內容考述」，除簡述三部志怪傳奇類小說作者、內容外，主要探討重心在小說版本文獻比較分析與作品是否具備文學內涵等問題。「第五章　《陳眉公家藏祕笈續函》雜俎小說之版本暨內容考述」，除簡述七部雜俎類小說作者、內容外，主要探討重心爲小說版本文獻比較分析與作品是否具備文學內涵二項問題。「第六章　結論」，從陳繼儒編纂《陳眉公家藏祕笈續函》之整體評估與《陳眉公家藏祕笈續函》小說類作品刊刻之價值與缺失等二大方向，總結該部叢書質量暨級等之評定。「參考書目」，因參考古籍與現代出版書籍繁夥，故僅陳列本論文引用之書目。「附錄」有三：附錄一，今日叢書目錄與國內外著名圖書館記載《寶顏堂祕笈》內容情形；附錄二，分別依照本論文探討三大小說主題——志人類、志怪傳奇類、雜俎類等各版本書影，且簡述該版本情形；附錄三，國家圖書館善本書室所藏另一部「明萬曆間繡水沈氏尙白齋刊本」之書影。

目 次

上 冊

第十二冊　馮夢龍《古今譚概》研究

作者簡介

吳俐雯，臺北市人。東吳大學中國文學研究所博士，現任新北市耕莘健康管理專科學校助理教授。

提　要

馮夢龍為明代文壇中影響後代深遠的文學家之一，其對於通俗文學的貢獻繁多，而其作品亦豐富可觀。《古今譚概》與馮夢龍其他小說相較，文學藝術與社會風俗上的價值，雖不如「三言」等早為人們所熟知的佳作。然其融合笑話與雜錄的性質，結合詼啁笑謔、諷諭勸懲與徵奇志異的豐富內容，「羅古今於掌上，寄春秋於舌端」，別具特色。所以，在內容、形式上的用心經營，呈現特有的風格，值得肯定。因而，以《古今譚概》一書的研究為論文題目，欲詳其究竟。

本論文著眼於馮夢龍及其著作《古今譚概》兩大主軸進行。首先探討馮夢龍的生平與學術背景，從其生卒里籍、家世背景、人生歷程、結社交遊，紬繹其性格節操及精神氣度，再延伸論其著作與文學觀。其次進行《古今譚概》的外圍問題研究，由晚明特殊之政治環境、經濟狀況、文哲思潮及社會風尚，了解《古今譚概》因何能在晚明占有一席之地。並探究馮夢龍編纂此書的動機，以及面對「隱含讀者」——文人時，預設作品的閱讀功能，企盼讀者能從作品中所得到的預期收穫。再分別由《古今譚概》的書名與刊刻流傳等版本問題進行考述，同時從二千五百餘則故事中歸納、爬梳其編纂體例、方式與題材來源。再次進行《古今譚概》的主題研究，分嘲弄形貌缺憾、譏誚人性之偏、批判君臣醜態、瓦解權威形象、反映文學旨趣、呈顯制度風氣、敘述奇聞異事等七個方向析探其內容與意涵。最後，針對《古今譚概》的價值與缺失加以檢討，以了解其作品評價。由前列論述，期能在馮夢龍及其《古今譚概》相關議題的範疇內，有完整的研究成果呈現。

目　次

第十三冊　清代文學文獻學論稿

作者簡介

　　趙永剛，1981 年生於山東省鄒城市。2011 年畢業於南京大學，獲得文學博士學位。現爲貴州大學中文系副教授（校聘），研究方向爲明清文學文獻學、中國古代散文史。

提　要

　　本論稿是筆者近年來研治清代文學文獻學之論文彙編，這些論文涉及面較廣，既有作家作品之精密考證，又有文體流派之深入探研。論稿也嘗試運用多種方法闡釋清代文學文獻學，《黃宗羲〈高旦中墓誌銘〉中的公義與私情》關注的重心是公眾人物的私人感情，以及私人感情對學術公器的負面影響。《黃尊素祠堂與黃宗羲主盟文壇之關係》主要運用了文史兼綜的過程化研究方法，將黃宗羲主盟文壇的歷史事實過程化、動態化，並緊緊圍繞黃尊素祠堂的修建歷程，探究兩者之間的互動關係。《劉大櫆與時文》、《遺民的堅守與困境：呂留良八股文選本的思想史意義》、《曾國藩壽序文成就譾論》則是從辭賦、古文、時文等文體角度展開，當然也旁及到一些思想史方面的問題。《〈四庫全書總目〉之〈四書〉學批評》探討的核心是古典書目對於現代學術史建構的重要意義。其他論文亦皆能蹊徑別出，不落窠臼，有一定的學術創新意義。

目　次

第十四冊　《行氣玉銘》輯考

作者簡介

　　張道升（1976-），安徽肥東人，2000 年獲得安徽師範大學文學學士學位，2006 年、2009 年分別獲得安徽大學文學碩士、博士學位（導師：徐在國教授），2011 年進入北京師範大學民俗典籍文字研究中心做全職博士後（合作導師：李運富教授）；2000 年至 2003 年在肥東縣白龍中學當教師，2009 年迄今在合肥師範學院中文系當教師；2011 年評為副教授。

　　主要研究方向為文字學、字書學，任教古代漢語、中國文字學、訓詁學等課程，迄今已發表論文近 30 篇，主持廳級專案 2 項，校級專案 2 項，為中國文字學會、安徽省辭書學會、安徽省語言學會會員。

提　要

　　行氣玉銘現藏於天津歷史博物館，其形制為楞柱狀，中空，頂端未穿透。器身琢為十二面，每面刻三個字，加重文符號，全文共四十五個字。

　　行氣玉銘字數雖然不是很多，但是因為它是刻在玉器上，內容極為重要，在文字學史上、書法學史上、考古學史上、氣功學史上都具有重要的價值，是戰國石器文字最重要的資料之一。本文共分為六個章節：

　　一、概述：介紹了行氣玉銘的形制等，並概括敘述了行氣玉銘公佈以來的研究成果並分析其存在的問題。從而論證了行氣玉銘研究仍有其必要性。

　　二、文字輯考：分別將諸家考釋進行輯錄，並加按語等。此為文章的重點。

　　本章輯錄了目前所能見到的所有研究行氣玉銘的文章，主要摘錄其中對行氣玉銘文字字形的分析、字義的闡釋部分，其他則從略。首列具有代表性的字形原拓，後加辭例，接著按時間先後順序排列各家的考釋，各家的觀點一目了然。最後是按語部分，是筆者對各家的觀點進行的評述，或提出自己的新觀點，比如舊釋爲「遆」的字，我們認爲應該讀爲「撤」，訓爲「撤回」；另外，按語中還對部分行氣玉銘文字形體做了梳理和疏證，如「🐛、中」可與甲骨文中的形體比較；「🦴、🐚」可與金文中的形體比較；「🔻」可與戰國古璽中的字形比較。

　　三、銘文通釋：全文今譯。在新的文字考釋結果下的全文今譯。

　　四、年代和國別：行氣玉銘的年代和國別的爭議。我們認爲行氣玉銘是戰國三晉時作品。

　　五、功用探討：行氣玉銘的實用價值討論。我們認爲作爲當時杖首的玉飾更爲妥當。

　　六、總結：全文總結。

　　最後是附錄：附錄中的釋字索引即爲行氣玉銘文字編。此外，還有相關圖表和作者發表的有關論文。論文論及到行氣玉銘文字的社會價值————行氣玉銘這種學習書法的風氣對規範書面用字、包括書法藝術，產生了久遠的影響：一是書家的寫字，不只是個人的藝術行爲，還具有規範社會用字的導向作用；二是使兒童自幼養成良好的寫字習慣，正確辨析文字形音義，從而使規範化意識可以貫徹終生，根本上杜絕社會用字的混亂。這對於我們現今的漢字規範化研究具有重大啓示作用。

目　次

第十五、十六、十七、十八冊　明代八股文編年史

作者簡介

　　陳文新，男，1957 年 8 月生，湖北公安人。現爲武漢大學教授、《湖北省志》總纂委員會副總纂、中國俗文學學會副會長。主要研究中國小說史和明代詩學。主編我國首部系統完整、涵蓋古今的《中國文學編年史》，與韓國閔寬東教授合著中文圖書中第一部《韓國所見中國古代小說史料》。個人學術專著主要有「古典文學論著四種」：《傳統小說與小說傳統》、《文言小說審美發展史》、《明代詩學的邏輯進程與主要理論問題》、《中國文學流派意識的發生和發展》。

　　王同舟（1969～），文學博士。生於湖北省丹江口市，畢業於武漢大學，現任職於中南民族大學。研究方向爲明清思想文化、中國古典小說，出版《中國文學編年史・晚清卷》、《欽定四書文校注》、《天罡地煞————〈水滸傳〉與民俗文化》等著作。

提　要

　　本書是迄今爲止第一部明代八股文編年史。

　　「八股文」是明清兩代科舉考試的專用文體。明清兩代的鄉試、會試，最重要的測試內容，是要求士子依照嚴格的程式對儒家經典進行闡釋。由此形成的考試專用文體，通稱「制義」，此外還有制藝、經義、時文、時藝等名稱。至於「八股文」，雖是從制義的結構與寫法而來的一種俗稱，卻最爲現代讀者所熟悉，這就是本書名爲《明代八股文編年史》的原因。

　　明代是八股文形成到成熟的時期，無體不備，名家疊出，對於研究八股文來說，具有標本意義。《明代八股文編年史》重點收錄下述內容：與八股文有關的重要科舉法規；對八股文發展演變有顯著影響的奏疏、會議、人物言論等；八股名家的履歷；與八股文有關的科舉教育；與八股文有關的科場事件；八股文風及相關文體；與八股文有關的科舉文獻；名家八股文作品……這些豐富的材料，有助於我們細密地把握明代八股文的流變，觀察傳統的思想文化如何將其影響注入到八股文之中，觀察八股文又如何將其影響彌散到思想文化體系的各個方面。

　　優秀的八股文作品，在寫作技巧與思想內容方面都有可資借鑒之處。八股文中不乏值得傳世的經典之作。

目　次

第十九、二十冊　殷墟考古發掘與甲骨文研究

作者簡介

朱彥民（1964），男，河南浚縣人。歷史學博士，教授，博士生導師，南開大學歷史學院先秦史研究室主任、中國社會史研究中心研究員，中國殷商文化學會副會長，北京大學中國畫法研究院兼職教授。主要研究甲骨學與殷商史、先秦社會生活史。出版有《殷墟都城探論》、《巫史重光————殷墟甲骨文發現記》、《商族的起源、遷徙與發展》、《甲骨文精萃選讀》、《甲骨文精粹釋譯》等學術著作，在《歷史研究》、《中國史研究》等刊物上發表學術論文九十餘篇。

提　要

　　本書是一部全面綜述與詳盡評介殷墟甲骨文發現與研究的學術史著作。與以往的甲骨學史著作不同的是，本書立意注重殷墟考古的資料新發現不斷推動甲骨學研究的深入與發展的歷程，充分揭示了殷墟考古發掘與甲骨學研究之間的密切關係。在殷墟科學考古發掘之前，甲骨文就通過村民私掘與外人盜掘，逐漸流布于世，成爲世人珍重的古董文物。但是傳世的甲骨文材料因爲不是科學考古發掘而來，再加上由於輾轉流徙致使甲骨片支離破碎，猶如「斷爛朝報」，不能很好地服務於學術研究，使得甲骨學長期處於緩慢發展甚至於停滯狀態。1928 年之後，通過考古學家們對殷墟遺址的科學發掘，使得出土的甲骨文資料具有了非常詳盡的信息，包括有出土地點、地層關係和伴出之物等相關數據，使得殷墟甲骨文成爲非常可靠的科學的信史資料。如此，甲骨學家在這些考古材料的科學研究基礎之上，將長達二百七十多年的殷墟甲骨文進行分期斷代，還原其本來所在的時代、王世甚至各自不同的組系，這樣不僅使得這些甲骨文資料有了明確的時代歸屬和王世譜系，而且更能夠作爲可以信賴的第一手史料，發揮其在復原研究殷商社會歷史文化方面的積極作用。可以說，殷墟甲骨文研究的每一次較大的進境，無不是在殷墟考古發現新材料之後產生的。這不僅包括甲骨文分期斷代、分組分系，而且也包括甲骨文字的考釋、甲骨碎片的綴合、甲骨資料的著錄、商代卜法的溯源、殷易歸藏的揭示、占卜制度的推測、商代歷史的復原、社會觀念的探索等等。該書不僅綜述殷墟甲骨文長達近百年研究的歷史，而且對殷墟之外的諸如大辛莊甲骨、西周甲骨等的發現與研究，也多有涉及，以期反映甲骨學研究範圍的擴展趨勢。不僅對中國大陸與港臺學者的甲骨文研究學術貢獻多有詳細總結與高度評價，稱道先賢，褒揚時俊，而且對於外國學者之于斯學的學術成就也不掩其美，探隱鈎玄，多所闡揚。努力追求材料翔實，介紹準確，立論公允，評述客觀，意在爲中國百年甲骨學研究歷程提供一個平實而可信的學術史文本。

目　次

本書附錄與附表

第二一冊　《楚地出土戰國簡冊〔十四種〕》校訂

作者簡介

　　賴怡璇，台中市大里人，從大學至博士班皆就讀中興大學中國文學系，師拜林清源老師門下，研究領域為戰國楚簡，碩士論文以《楚地出土戰國簡冊〔十四種〕》一書為研究對象，目前攻讀中興大學博士班。

提　要

　　2009 年，陳偉等人出版《楚地出土戰國簡冊〔十四種〕》（以下稱《十四

種》)，此書爲中國教育部哲學社會科學研究重大課題攻關項目「楚簡綜合整理與研究」的最終結果，可謂楚簡研究的集大成之作。內容包含了《包山》2 號墓、《郭店》1 號墓、《望山》1、2 號墓、《九店》56、621 號墓、《曹家崗》5 號墓、《曾侯乙》墓、《長臺關》1 號墓、《葛陵》1 號墓、《五里牌》406 號墓、《仰天湖》25 號墓、《楊家灣》6 號墓以及《夕陽坡》2 號墓，共十四種楚地出土簡冊。

　　《十四種》考釋精詳，但楚文字研究日新月異，且此書爲多位學者共同負責，體例不一，漏字、文字錯簡、考釋不精等問題皆有存在，筆者希望能站在前人的肩膀上，以《十四種》釋文爲基礎，參與學者論著，以改正、補充《十四種》誤釋、未釋之處。本論文的章節架構依《十四種》編排方式爲準，若簡牘釋文較少則合爲一章。本論文第一章爲緒論，此章說明筆者研究動機、研究方法以及論文章節架構，並討論《十四種》釋文所出現的體例不一等問題。二至十一章分別考釋十四種楚地出土簡冊的釋文，校訂《十四種》釋文錯誤、未釋之處。第十二章爲結論。另有附錄一章，爲以上各章節所得的結論總覽。

目　次

第二二冊　中國出土文獻研究—上博楚簡與銀雀山漢簡

作者簡介

　　湯淺邦弘，1957 年生。現任日本大阪大學大學院文學研究科教授。著書有《論語》（東京：中央公論新社，2012 年），《概說中國思想史》（京都：書房，2010 年），《故事成語誕生容》（東京：角川芸出版，2012 年），《荣根譚》（東京：中央公論新社，2010 年），《諸子百家》（東京：中央公論新社，2009 年），《孫子·三十六計》（東京：角川芸出版，2008 年），《戰國楚簡與秦簡之思想史研究》（萬卷樓，2006 年）以及其他多部著作。

提　要

　　本書，爲湯淺邦弘著《戰國楚簡與秦簡之思想史研究》（二〇〇六年六月，台灣，萬卷樓）的續篇論文集。前著刊行之後，在中國又陸續刊行了《上海博物館藏戰國楚竹書》的第五分冊至第八分冊，二〇一〇年，在銀雀山漢墓竹簡發現多年之後，終於又刊行了《銀雀山漢墓竹簡〔貳〕》。在如此背景之下，本書將主要以上博楚簡與銀雀山漢墓竹簡爲研究對象，來探討中國古代的儒家思想，兵學思想以及楚王的故事等內容。具體上，將上博楚簡〈三德〉、〈顏淵問於孔子〉、〈莊王既成〉、〈平王與王子木〉、〈平王問鄭壽〉、〈君子者何必安哉〉，以及銀雀山漢墓竹簡「論政論兵之類」諸篇分爲十一章進行考察。第一部分爲上博楚簡的研究，第二部分爲上博楚簡楚王故事文獻的研究，第三部分爲銀雀山漢墓竹簡的研究。另外，在附錄部分，還加入了日本的中國出土文獻研究現狀和課題，以及《浙江大學藏戰國楚簡》簡介等內容。通過以上各章的分析，對先秦時期的思想史，特別是儒家與兵家提出了一些新的觀點。另外，對於迄今只有在《國語》或《左傳》中有過記載的春秋時期的王者故事，將通過對新資料的分析，闡明其存在的意義。衷心期待本書能夠對中國古代思想史研究做出一些微小的貢獻。

目　次

序

第二三冊　《毘尼母經》中的「摩呾理迦」之研究

作者簡介

釋行解，俗名黎氏垂莊，1976 年生於越南順化市。

高中畢業後在越南-順化市-香山寺出了家，當年是 1994 年。

自從 1996-2000 年在越南順化師範大學中文系上大學。

2001-2005 年在順化的越南佛教學院學了四年，畢業獲得佛學學士。

2007-2010 年來到台灣-華梵大學-東方人文思想研究所就讀碩士。

2010 年一月畢業回到常住寺院住了八個月。

後來 2010 年九月再一次出國留學，在中國-上海-華東師範大學-古籍研究所就讀博士。

提　要

《毘尼母經》是「上座部」之「雪山部」的律論，乃「上座部」及「說一切有部」之根本傳承。又作《毘尼母論》，或《毘尼母》，略稱《母經》、《母論》。是注釋《律藏》的〈犍度品〉的典籍。為什麼稱為「母經」？《毘尼母經》中已經定義：「此經能滅憍慢解煩惱縛；能使眾生諸苦際畢竟涅槃，故名母經」。如何叫毘尼？「毘尼者，名滅滅諸惡法，故名毘尼」。因為此經之功德所以被稱為「母經」。

「摩呾理迦」一字，梵文 mâtka，巴利文則是 mâtika。因此，從梵文 mâtka 而來的音譯，應該是「摩窒里迦」、「摩呾履迦」或「摩得勒迦」。而從巴利文 mâtika 而來的音譯則是「目得迦」、「摩夷」等。中文的義譯為「母親」，或「本母」、「智母」、「行母」等等，而我們現今所使用的一般翻譯，都是譯為「本母」。

筆者在《毘尼母經》的「摩呾理迦」238 項目中選擇同類的「摩呾理迦」集合在同一個章節，如：與「羯磨」、「受具」、「布薩、說戒」、「安居」、「自恣」、「破僧」、「滅罪」、「衣」、「藥」、「僧眾生活」有關的「摩呾理迦」分別詮釋其「羯磨」的儀式以及「受具」的分類與儀式以及「布薩、說戒」的緣起與儀式以及「安居」、「自恣」的緣起與意義以及「破僧」的緣起與類別以及「滅罪」的處罰法以及僧眾的用具法與僧眾的諸項雜事。

藉此研究解析論述《毘尼母經》的戒律思想，期望得以彌補原始佛教《八十誦律》失傳之遺憾並提供研究戒律者一重要之參考。

目 次

第二四、二五冊　〈眞靈位業圖〉神仙源流研究

作者簡介

張雁勇，男，1983 年生，山西省原平市人，現爲吉林大學古籍研究所博士研究生。撰有《我國歷史上影響人口的文化因素》（第二作者）、《〈眞靈位業圖〉「九宮」位的兩個問題》（第二作者）、《〈眞靈位業圖〉校勘舉要》和《〈眞靈位業圖〉成書考論》等論文。

提　要

　　本書爲首次研究中國道教史上第一部系統的神仙譜錄《眞靈位業圖》之專著。《位業圖》現存於明《正統道藏》洞眞部譜錄類，原題陶弘景撰。作者采摭前代道經，將道教眾多神仙「埒其高卑，區其宮域」，分別歸於玉清、上清、太極、太清、九宮、地仙、酆都鬼境七階位，構建了一個等級嚴密的神靈體系。它的形成從戰國到南朝經歷了七、八百年，所收人物在歷朝社會思潮和文化背景下完成了複雜的神化過程，對後世的道教神仙系統有垂範之功。

　　本書主體由三部分構成：《緒論》、上篇《〈眞靈位業圖〉神仙源流研究》和下篇《眞靈位業圖校註》。

　　《緒論》闡明了選題緣由、研究概況和研究方法，並附有四篇專題論文。研究方法上，主要運用考據法和文化要素分析法。關於成書，福永光司等學者對作者爲陶弘景的質疑沒有切實根據，從文辭、教理、文獻淵源、神仙名目、陶弘景的思想等角度考察，該圖反映的思想源於陶氏，它是以上清派爲主幹，兼及其他道教派別，引儒釋入道的神靈譜系，成書在 499-536 年間。版本方面，《位業圖》現存 6 個古代傳本，大體一致，皆有一些舛誤，但「殘本」說不能成立。

　　《上篇》按照來源，將《位業圖》神仙分爲九類，依次爲傳說人物、寓言人物、戰國秦漢方士與隱士、仙傳志怪人物、《眞誥》所見神仙、史傳人物、神話人物、道氣的人格化、術數與自然神。選取了彭祖、九宮尚書張奉、酆都大帝等典型神仙，追根溯源，再現了他們走上神壇的歷史軌跡，從一個側面梳理出了漢魏之前道教形成的歷史。其中提出了一些新的見解，如認爲「羅酆」名稱源於《禮記》「大羅氏」與《周易》豐卦兩種文化要素的組合等。本質上，這些虛無飄渺的神仙是由春秋末年老子用攝生主義來針砭時弊而發其端，戰國莊子繼而發展爲片面的養生哲學，一批神仙方士爲追逐富貴，又編造神仙故事以取信諸侯。自戰國秦漢方士隱士以下，除去一些由形而上學觀念和方術思想經過複雜人格化形成的神靈，他們大多不再是虛幻的，而是堅信神仙可學、不死可致的實踐者。

　　《下篇》是《位業圖》的校註本，以「三家本」《道藏》爲底本，以《秘冊彙函》本、《四庫全書》之《說郛》本、《重刊道藏輯要》本及《古今圖書集成》本爲輔本，兼及《眞誥》、《無上秘要》、《雲笈七籤》和其他道經與相關材料進行比勘。這部分是本書的材料基礎，全面展現了神譜中每一位神靈

的神化演進過程。

目　次

第二六冊　1994年～2003年美國的荀子研究

作者簡介

蘇郁銘，1978 年生，新竹市人。先後畢業於輔仁大學中文系、國立雲林科技大學漢學資料整理研究所。

以讀書與思考爲嗜好，經史子集均有涉獵，對中國先秦思想史以及傳統史學浸淫較深，在此方面常有獨到見解；對身邊其他事物喜歡從旁人容易忽略的地方思考，認爲世人看待週遭事物的價值過於偏頗、且又容易被他人所左右，因此對已故學者陳寅恪「獨立之精神，自由之思想」的主張心有戚戚焉。

提　要

美國的荀子研究始於德效騫（Homer H. Dubs）在 1920 年代出版的英譯與研究著作，其論著也爲以後美國的荀子研究奠下基礎。此後美國的荀子研究曾中斷將近二十年，直到 50 年代方告復甦。在 70 年代之前，雖然在某些領域上有所進展，但在這一段時間內，荀子研究並沒有受到應有的重視。

進入 70 年代之後，因爲環境條件的成熟，美國的荀子研究邁入了興盛期，而大量論著的問世，不但促使學者從多方面來探討荀子的學說及其外圍問題，同時也促成全譯本的問世，讓美國的荀子研究在興盛之際，也開始進入另一個新的時代。

本時期的美國荀子研究不但承繼了之前的研究成果，也受到當時普遍重視倫理學研究的影響，而從倫理學的角度出發，整合之前的研究成果，對荀子的學說作出新的探討與理解。然而這種風氣也造成了此時荀子研究有倫理學獨大的現象。

此外，回顧二十世紀的研究成果，以及將考古文物納入荀子研究的參考資料，也都是這一時期美國荀子研究的特點，而後者尤為美國荀子研究之創舉，相信此事也會對此後的美國荀子研究造成相當的影響。

目　次

尤袤及其《遂初堂書目》研究

林育慈　著

作者簡介

林育慈，民國 67 年出生，華梵大學東方思想人文所碩士班畢業，原任教於基隆市立大德國民中學，現為新北市立樹林高中國文科教師，著有「尤袤及其《遂初堂書目》研究」一書。

提　　要

　　尤袤字延之，南宋『中興四大詩人』之一，其文章在當時也很有影響，然寶慶元年一場大火，其詩文多毀，故後世鮮有論及其詩文。現存宋代私家藏書目錄多亡佚，僅存晁公武《郡齋讀書志》、尤袤《遂初堂書目》及陳振孫《直齋書錄解題》三種，晁公武之研究，現有劉兆祐《晁公武及其郡齋讀書志》專書，陳振孫則有何廣棪師《陳振孫生平及其著述研究》專書陳述，而尤目因著錄簡陋，引用者少，亦無專書探討。然《尤目》為版本目錄的鼻祖，且其分類多有創獲，影響後世目錄著作甚深，實不可不加以探討。

　　尤袤的相關文獻，除了《宋史》尤袤本傳及尤圯的《萬柳溪邊舊話》有較詳細的記載外，其他資料多殘缺散佚，因此本論文於其生平，參以《宋會要輯稿》、《南宋館閣錄》、《梁谿遺稿》、楊萬里《誠齋集》、《遂初堂書目》等書整理彙考，使尤袤生平更為明確。

　　本論文共分六章，第一章為〈前言〉，說明研究動機與方法。第二章為〈尤袤之家世〉，追溯尤氏家族之由來及重要人物之紀述。第三章為〈尤袤之生平〉，用繫年方式著錄尤袤生平，再分述其交游、著述、刻書等事蹟。第四章為《遂初堂書目》內容〉，為本論文探討的重點，除了詳細說明尤目成書、體制、特色等要項，特別著重於「版本」著錄方面的探討，並於第五章〈《遂初堂書目》對後世中外目錄編纂之影響〉中，針對其「版本目錄」創舉對後世中外書目的影響，列舉各朝代目錄書籍中採用版本目錄者說明其重要性和影響力。末附以結論和一己田野調查中所得，及拍攝尤袤故居與墓碑的照片。

　　尤袤所存文獻多已散佚而鮮為後人所重，然其《遂初堂書目》中著錄「版本」，卻為目錄學開創新的著錄方式，引起後世目錄學家對「版本」著錄的重視。

目
次

緒　言

　　尤袤（1127～1194），字延之，無錫人，南宋中興四大詩人之一，也是當時重要的藏書家。尤氏藏書並要求家人抄書，楊萬里〈益齋藏書目序〉即曾云：「延之於書靡不觀，觀書靡不記。……延之每退則閉門謝客，日計手抄若干古書，其弟子亦抄書，不惟延之手抄而已也。其諸女亦抄書，不惟子弟抄書而已。」而尤氏本人也嗜書如癡，曾云：「吾所抄書，今若干卷，將彙而目之。飢讀之以當肉，寒讀之以當裘，孤寂而讀之以當朋友，幽憤而讀之以當金石琴瑟也。」袤之重書、愛書可見一斑。其藏書更是豐富，《硯北雜志》卷上曾云：「淳熙、紹熙間，尤常伯延之、王左曾順伯兩公，酷好古刻，以收藏之豐相角，皆能辨別眞贗。」陳振孫《直齋書錄解題》卷十八「〈梁谿集〉五十卷」條云：「禮部尙書錫山尤袤延之撰，家有遂初堂藏書，爲近世冠。」可知其藏書之豐，惜一場大火將藏書閣燒毀。後代子孫雖多次重建其藏書閣和遂初堂，卻因目前大多數無錫人對尤袤十分陌生，使得其藏書閣和祠堂淪落爲茶樓和販賣食物的場所。2009 年初，我曾作田野調查，親臨無錫惠山，多次詢問當地人，竟無人聽聞有尤袤，更遑論對他的著作和事蹟有所認知了。一代目錄學家居然遭受後人此種對待，實爲可惜。故甚余不自量力，乃以『遂初堂書目』進行深入研究，並補考尤袤的生平事蹟，希冀能對尤袤及其目錄學相關之研究有所裨益。

第一章　前　言

第一節　研究動機與目的

　　自漢代劉向父子以後，目錄學就在各個朝代中均有所發展，尤其是唐宋以降，目錄學的研究，更有長足之進步。

　　宋代是我國目錄學發展的重要時期。由於雕版印刷書的發明和造紙技術的進步，促使書籍的流通，為目錄學發展提供良好的客觀條件。再加上宋代重文輕武文人受到朝廷的重視，因此他們亦從事藏書、著錄書籍等活動，這也是宋代的目錄學方面的著錄，較前進步的原因。目錄學本身的發展，到了宋代可說是趨於成熟，無論是官修目錄，史志目錄還是私家目錄，都較以往有更多之著述。因此，宋代的目錄學在目錄學史上寫下輝煌的一頁，也為後世在目錄學研究奠定更紮實的基礎。

　　目錄學上隨著時代發展，明清之後，目錄學更成為研治任何一門學術之基礎科學，為從事研究工作所不可或缺之基礎學識。清王鳴盛《十七史商榷》云：「目錄之學，學中第一緊要事，必從此問途，方能得其門而入。」〔註1〕，卷七又說：「凡讀書，最切要者目錄之學，目錄明，方可讀書；不明，終是亂讀。」〔註2〕當代史學家陳垣亦云：

　　　　懂得目錄學，則對中國歷史書籍，大體尚能心中有數，目錄學就是
　　　　歷史書籍介紹，它使我們大概知道有什麼書，也就是使我們知道都
　　　　有什麼文化遺產，看看祖遺的歷史著作倉庫有什麼存貨，要調查研
　　　　究一下……，目錄學就好像一個賬本，前人留給我們的歷史著作概

〔註1〕　（清）王鳴盛，《十七史商榷》序（台北市：樂天出版公司，民國61年5月）。
〔註2〕　同上，卷七。

況，可以了然。古人都有什麼研究成果，要先摸摸底，到深入鑽研
時，才能有門徑，找自己所需要的資料，也就容易找到了。〔註3〕
這些都說明目錄學爲治學入門所必需。既然目錄學是如此重要，歷朝目錄學
家其著述有所創新者多爲後世研究，特別是目錄學開始發達的宋朝，不論是
官修的《崇文總目》，還是私家目錄如晁公武《郡齋讀書志》、陳振孫《直齋
書錄解題》等，研究之人均甚眾多，惟尤袤《遂初堂書目》卻較少有人論及，
實屬遺憾。據此，筆者希冀能針對尤袤之生平與其《遂初堂書目》作認眞研
究，藉以揭示尤袤在目錄學上的貢獻。

第二節 研究方法

由於尤袤的資料十分有限，且相關之參考資料也不易取得，幸而有蔡文
晉的《宋代藏書家尤袤研究》和尤氏第三十三世孫尤偉的《遂初堂叢談》二
書，得以補充尤袤生平資料之不足，然兩者皆非專門研究尤袤目錄學的貢獻
的專書，加上成書時間較早，未能參考近代大陸學者對尤袤的研究成果，因
此在對其版本學並無較多著墨。而本論文主要爲討論尤袤《遂初堂書目》，因
而本論文中對該書之體制及該書對後世的影響有較多的研究。

本論文研究方法也因章節子題需要之不同而有所更易。首先，第二章主
要探討尤袤的家族考，用編年考據方法，依年代考錄尤氏家族起源、家族史
和重要人物，藉此以了解尤袤的家族背景。第三章探討尤袤的生平，分別詳
考其生平、交游、著作等。第四章則研究《遂初堂書目》的內容，首先考論
其成書背景，再詳考其書體制，並與當代較著名的目錄書籍運用圖表相互比
對，藉以突顯《遂初堂書目》的優點。第五章則是本論文的結論。最後，於
附錄一加入筆者實際到尤袤藏書閣和墓地所做的田野調查成果，使所據之研
究資料更加詳細。

第三節 前人研究成果

宋代因學術昌明、雕版印刷盛行，因此公私家藏書甚多，可惜今多亡佚。
然宋世之公私目錄，今仍見載者有《崇文總目》、《新唐書・藝文志》、《通志・

〔註3〕 陳垣〈與畢業同學談談我得一些讀書經驗〉，《中國青年》第十六期（1961 年），
頁3。

藝文略》、《郡齋讀書志》、《遂初堂書目》、《直齋書錄解題》等書，宋人目錄雖多，但傳世者少。官書《崇文總目》已非完本，而私家目錄僅存《郡齋讀書志》、《遂初堂書目》、《直齋書錄解題》三家，故爲考證家所重視。晁公武《郡齋讀書志》和陳振孫《直齋書錄解題》著錄完善，後世研究者眾多，亦多爲史學家所重視，然尤袤《遂初堂書目》著錄簡略，且無大小敘，因此後人認爲其書目若存若亡，論及者少。《四庫全書總目》卷八五，云：

> 《崇文總目》十二卷，《永樂大典》本，宋王堯臣等奉敕撰。……宋
> 人官私目錄存於今者四家，晁氏、陳氏二目，諸家藉爲考證之資，
> 而尤袤《遂初堂書目》及此書則若存若亡，幾希湮滅，是亦有說無
> 說之明效矣。〔註4〕

由於研究尤袤者少，研究《遂初堂書目》並撰成專書流傳，可供研究與討論得更是鳳毛麟角，屈指可數。宋代以降，保存尤袤資料者，主要爲尤玘《萬柳溪邊舊話》、楊萬里《誠齋集》、陳振孫《直齋書錄解題》、方回《瀛奎律髓》等，可提供參考與研究。

近代國內研究者主要有：昌彼得、潘美月、劉兆祐、何廣棪、蔡文晉等人，但僅蔡文晉撰成《宋代藏書家尤袤》專書，該書對於尤袤生平記載十分詳盡，本論文於尤袤生平亦多參考之。然其書主要爲研究「尤袤」，除了序言與結論外，其內容多著墨於生平事蹟，如第一章〈尤袤家世考〉，主要是追溯尤氏家族由來和尤氏先祖人物，以明先世對尤袤的關聯和影響。第二章〈尤袤生平事蹟考〉，先考定尤袤生卒年，再以繫年方式詳列尤袤生平事蹟。第三章爲〈尤袤交友著述考〉，交友考方面以宋人文集中與尤袤之書信篇章察考尤袤交友情形。著述考方面則將現今署名尤袤之作品一一解說考證。第四章《遂初堂書目》之體制與傳本〉，探討尤目成書、藏書、體制、傳本及影響等要項。和第五章〈尤袤之學術成就〉則以探討尤袤於經、史、子、集研究的成就，其書第四章雖有論及《遂初堂書目》，但僅針對其體制、成書、特色等，至於分類與其他書目不同之處，無詳細說明，是以本論文在〈析分類別〉一節中，將《遂初堂書目》、《崇文總目》、《郡齋讀書志》、《直齋書錄解題》四書的分類方法以圖表說明之。而蔡書對尤袤「版本目錄」對後世影響部分無專章說明，僅於特色及影響有略提及，然本論文主要爲探討版本著錄對後世的影響，

〔註4〕　（清）永瑢、紀昀等纂《四庫全書總目》卷85、〈史部目錄類一〉（台北市：台灣商務出版社，民國72年10月）。

並列舉宋、明、清及民國各家目錄書仿尤目者，藉以說明《遂初堂書目》著錄方法對後世目錄之影響，並於附錄中增加筆者親至無錫惠山田野調查資料，以補文獻資料之不足。

　　近代大陸研究尤袤者有：

（一）陶寶慶〈尤袤·萬卷樓·《遂初堂書目》〉刊載於《四川圖書館學報》1983 年第 3 期。及〈尤袤與萬卷樓〉，刊載於《文物天地》1985 年第 3 期。兩者皆概論尤袤生平、萬卷樓地點及《尤目》傳世刻本類別。

（二）黃燕生〈宋代藏書家尤袤〉，刊於《圖書館雜志》1974 年第 2 期，主要論及《尤目》特點和目錄學史上之地位。另〈關於《尤袤·萬卷樓·遂初堂書目》〉，刊於《四川圖書館學報》1985 年第三期，則針對陶寶慶〈尤袤·萬卷樓·《遂初堂書目》〉一文提出不同看法。

（三）錢業新〈尤袤《遂初堂書目》初探〉，刊於《圖書館學刊》1986 年第 2 期，其文對《尤目》分類、體制、著錄有詳細且清楚的描述。

（四）牛洪亮〈南宋藏書家尤袤與《遂初堂書目》〉，刊於《圖書館學刊》2000 年第 4 期，主要亦簡述尤袤生平事蹟。

（五）張克偉〈尤袤與《遂初堂書目》〉，刊於《文史知識》1991 年第 3 期。

（六）吳洪澤〈尤袤著述考辯〉，刊於《四川大學學報》1999 年。及〈尤袤詩名及其生卒年解析〉，刊於《文學遺產》2004 年第四期。皆對尤袤生平和《尤目》內容體制多有論述。

（七）姚偉鈞〈尤袤〉，刊於《歷史文獻研究》1999 年，其內容主要為探討《遂初堂書目》特色和對後世版本著錄的影響。

（八）張艮〈尤袤文集首刻時間考及詩文辨偽輯佚〉，刊於《古集整理研究學刊》2008 年第 1 期，主要為探討尤袤《梁溪集》刊刻時間。

以上所列皆為大陸討論尤袤及《遂初堂書目》相關文章。其後代子孫尤偉亦撰有《遂初堂叢談》探討尤袤生平事蹟，以補充《宋史》和《萬柳溪邊舊》不足之處。至於尤袤刻書的部分，則參考《宋代刻書產業與文學》和《李善文選學研究》二書中所載尤袤刻書的內容加以整理，於〈刻書〉一節論之。

　　由於尤袤及《遂初堂書目》所載資料少，近代研究者多僅論及尤袤事蹟，鮮有評考《遂初堂書目》者。本論文主要為研究《遂初堂書目》，故對其生平

事蹟著墨較少，多詳於分析書目體制、分類、特色及對後世影響，爲了更了解尤目的體制及與他書不同之處，以圖表方式整理，使其更爲清楚，並且列舉後代中外書目著錄受其影響者，一一說明其著錄方式，用以證明尤袤對後世目錄學影響之深遠。

第二章 尤袤之家世

第一節 尤氏家族的起源

　　唐朝以前，我國並沒有尤姓。追根溯源，尤姓祖先原是三千多年前周文王（姬昌）第十個兒子聃季受封於沈國（今河南省汝南平輿），遂以國為姓，改姓沈。《姓纂》有云：「周文王第十子聃季食采於沈，因氏焉，今汝南，平輿，沈亭即沈子國。」清代尤侗《西堂雜俎》說到其祖先來源亦云：「我尤氏之先，周文王第十子聃季食采于沈為氏，今汝甯地也。」〔註1〕（聃季或作哺季。）

　　唐代後期，黃帝昏庸無道，農民紛紛起義。光啟二年（886），光州固始人沈宗（字士主），跟隨同鄉長者王審知從河南到福建泉州。五代後梁開平元年（907），王審知被封為閩王，王以女妻之。沈宗成了駙馬爺，為了避岳父嫌名，將沈去水偏旁，改為尤姓，從此中國氏族開始有尤姓存在。尤錫所撰寫〈泉州尤氏始祖祠堂記泉〉中記載：

> 稽譜乘，唐光啟年間，我始祖考駙馬都尉斯禮公，從閩王由河南光
> 州固始入閩。其先周聃季封於沈，國為氏，至公避王諱，去水為尤，
> 故沈氏系族自公始。肇居於泉州，與留從效力，分掌四門學。厥後
> 葬於武榮，因公封域號。其鄉曰：「卿田子孫有守。」是里者有人入
> 桃園；有仍立溫陵者。雖各自番衍分支，而時盤根一本。〔註2〕

〔註1〕 （清）尤侗《西堂雜俎》（台北：廣文出版社，1970年），頁170。
〔註2〕 尤偉《遂初堂叢談》（台北縣：板橋天工書局，2002年6月20日初版），頁11。

《福建省永春蓬壺尤氏族譜》中記載尤氏遷移到福建的經過，如下：

> 五代後梁間，思禮公從王審知入閩平亂，既平，王審知以受功封爲
> 閩王，賞識思禮公才識，以其女招其爲婿，但忌諱公之姓「沈」，與
> 其名「審」同音，而予賜姓爲尤，思禮公乃成爲尤姓枝開基始祖。
> 公定居於泉州（今南安縣金田鄉南廳），卒葬於斯，其墓地俗呼龍蝦
> 出海，子孫蕃衍，人丁旺盛。〔註3〕

尤氏一姓的由來，一說是賜姓，另一說是避諱改姓，也有傳言爲避禍改姓，
各家說法不一，但無論如何，尤氏一姓的記載，多見於唐末五代的相關文獻，
乃因避亂而改姓尤，從此開始有了尤氏一姓，並且在江蘇吳興一地發展。

第二節　尤袤家族史

　　吳興尤氏始祖爲尤叔保，是尤氏五世孫，宋眞宗天禧年間，來到吳地，
往來各鄉，居無定所，曾暫居長州（今吳縣）西禧里。有一天，他和樞密王
靖康公遊浮玉山（即天目山），投宿關帝廟中。晚上，夢見關帝聖君賜他一件
錫器，器中書一「成」字。睡醒後，將夢境告訴王康靖，王曰：「器者，器皿
也，皿上有一成字，盛也，錫者，長洲東南有錫山，神明賜公錫器，意者俾
公居錫山，而子孫盛乎！」〔註4〕尤叔保領著關帝聖君的夢旨，於是定居無錫
許舍山白石里（今蘇州無錫梅園公墓附近）。尤叔保徒手入吳，由於繕寫方丈
匾額大字，又能繪畫，因此前去求字與畫的人很多，尤其是一些富有的縉紳
特別喜歡他的字畫，出手也很大方。幾年後，他積蓄了雄厚的資財，就在許
舍山下建造園亭池館，成爲一時絕勝之景。尤叔保育有二子：長子尤大成、
次子尤大公。

　　尤大成，二十四歲娶范氏爲妻。大成早亡，遺下兩歲的孤兒尤申。范氏
因爲悲慟而亡。尤大公，少有俠氣，喜抱不平而招致災禍，於是遷居吳郡西
禧里，從此與大成分隔兩地。大公育有二子：尤輝、尤中。尤輝自幼聰明，
紹興元年，進京應試，和內兄許得之同登進士榜，從此服官京師，任文殿大
學士、兵部尙書。輝之子尤著，宋高宗紹興二年壬子（1132）張九成榜進士，

〔註3〕　蔡文晉《宋代藏書家尤袤》（臺北縣永和市：花木蘭文化工作坊，2005年初版），
　　　　頁3。

〔註4〕　（宋）尤玘《萬柳溪邊舊話》（上海市：商務印書館《叢書集成》本，1936
　　　　年初編），頁1。

官至工部侍郎。尤大成傳子尤申，申傳子時亨，時亨傳子袤。尤袤爲宋高宗
紹興十八年戊辰（1148）王佐榜進士，歷任太子侍讀、禮部侍郎、禮部尚書等
職。尤袤有二子：長子尤棐、次子尤槩，尤槩繼承父業，於宋孝宗淳熙二年
乙未（1175）詹騤榜進士，官至太常博士。棐子尤焴，其賢如祖，爲宋寧宗嘉
定元年戊辰（1208）鄭自誠榜進士，官拜端明殿大學士、禮部尚書，封毗陵
郡侯，度宗曾幸其第，御筆題楹曰「五世三登宰輔，奕朝累掌絲綸」，度宗所
稱讚的三人指的是尤輝、尤袤、尤焴祖孫三代，功在朝廷〔註5〕。《萬柳溪邊
舊話》中曾提及孝宗推恩情形：

> 朝廷每大慶必推恩於大臣，文獻（尤輝）、文簡（尤袤）祖孫各經推
> 恩數次，往往力辭，然中亦有不能辭者。文獻公上四代、莊定公（尤
> 焴）以下五代，無一不育沐朝澤，列冠裳。〔註6〕

由此可知尤氏家族之盛。尤焴之叔尤棟，年紀較焴小，是理宗景定三年（1262）
壬戌方山京榜進士，官拜廣德知州。袤之次子槩，育有二子：長曰爞，次曰
燿。長洲同族兄弟尤梁無子，故以次子燿爲長洲後嗣，從此兩族血脈合一。
宋元之際，袤六世孫玘，官至大司徒，曾聚集親族討論祖先事蹟。尤氏家族，
由元代到明代，多爲進士出身，實爲成祖永樂四年（1406）丙戌林瑞榜進士，
官拜南昌同知；尤魯爲世宗嘉靖十一年壬辰（1532）林大欽榜，官拜順天府
丞；尤瑛爲世宗嘉靖二十三年甲辰（1544）秦鳴雷榜進士，官拜江西參議。
清代時，袤第十八世孫尤侗，順治稱其爲「眞才子」，康熙亦尊「老名士」，
可見才華洋溢，成就非凡。侗子尤珍，爲康熙時進士，累官至是贊善。

　　由宋代到清代，尤氏家族在政治上和文學上都有很好的表現，進士出身
的更不在少數。茲表列尤氏家族簡譜如後：

〔註5〕　度宗幸尤焴家，御筆題楹間之事，僅見尤玘《萬柳溪邊舊話》，宋代史籍中並
　　　　無記載尤輝擔任官職之事，因此懷疑「五世三登宰輔，奕朝累掌絲綸」並非
　　　　實事，如《無錫金匱縣志》有載「輝」名，《咸淳毗陵志》亦載之，明言爲宋
　　　　哲宗紹聖元年甲戌（1094）方漸榜進士，歷官兵部尚書、觀文殿大學士，諡
　　　　文獻。因此輝任官之實並非憑空而來，史書上未記載，可能是史籍脫落，亦
　　　　未可知。
〔註6〕　（宋）尤玘《萬柳溪邊舊話》，頁12。

尤氏世族表

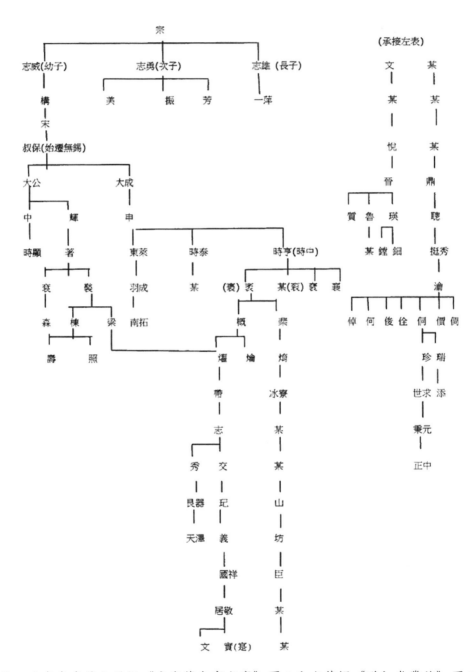

註：此表參考蔡文晉撰《宋代藏書家尤袤》頁 6 和尤偉撰《遂初堂叢談》頁 24、
47、148 製成。

第三節　尤氏家族人物簡介

這節主要依據尤玘《萬柳溪邊舊話》所記載尤氏歷代先祖事蹟，並參酌尤氏第三十三代子孫尤偉所撰《遂初堂叢談》相關內容加以整理。所介紹人物大多與尤袤較爲相關，或深受尤袤影響之後世子孫，就其傳奇故事和豐功偉業作簡略的述說：

一、尤叔保

尤叔保徒手入吳後，遷居許舍山間，其宅第購自江氏敝居，重新改建後，庭院高敞，且週遭種植四十二棵玉蝶梅，並書『環玉堂』三字在梁間。《萬柳溪邊舊話》云：

> 許舍山祖基，乃買江氏敝居而新之者，東偏楠廳三間，壯偉高敞，玉蝶梅四十二樹環繞之，侍制公善書，書環玉堂三字於梁間。〔註7〕

其善於寫字，尤以方丈長匾爲最，除了上述的「環玉堂」外，也曾於關侯祠潭後方亭留匾，並提書於兩邊梁柱。《萬柳溪邊舊話》云：

> 關侯祠凡三易，後定築於清楓巖下，祠後潭水清澈可愛，另立一方亭對潭，扁曰雲留亭，題兩篇柱曰：山光悅鳥性，潭影空人心。皆侍制公手筆。〔註8〕

尤叔保由福勝禪寺〔註9〕，因多喝了酒，於寺中一竹榻上午睡。醒來時，發覺有一長眉老僧坐在身旁。老僧曰：「吾居鳳凰山，禪定百年，先師傳授相人之法。見先生左鼻之氣如松，右鼻之氣如雲，此深厚清貴，子孫貴盛，罕有其比，不及親見之耳。」叔保於是與老僧結納而別，之後果如老僧所言，子孫連綿，賢人輩出。侍制公祠堂中『松雲堂』〔註10〕一匾便是由此而來。

無錫地方文獻，康熙《無錫縣志》、乾隆《無錫縣志》和《錫金識小錄》皆記載「許舍山中多虎，童男童女晝不出戶，叔保命人種植楝樹。」《萬柳溪

〔註7〕（宋）尤玘《萬柳溪邊舊話》，頁1。

〔註8〕同上，頁2。

〔註9〕《遂初堂叢談》中提到元代《無錫縣志》中，並無「福勝寺」，只有「福勝禪寺」，寺址在無錫南城門口，創於梁太清初年，爲「南朝四百八十寺」之一。如今是無錫著名禪寺——南禪寺。

〔註10〕另一說法是：侍制公曾夢得關帝廟。廟後潭水清澈潭旁有一方亭。公爲之題額，亦以「雲松」名亭，並撰寫一副對聯「山光悅鳥性，潭影空人心。」因爲不忘關帝的「指引」，每逢初一、十五必定去上香、叩頭；並灌溉花木，整理環境。

邊舊話》也有記載到此事：

> 許舍山中多虎，童男童女晝亦不敢出戶。侍制公憂之，乃命倉頭拾
> 楝子數十斛，預作大繩，以楝子置繩股中，埋於山之四圍，不四五
> 年，楝樹長大如城，圍山中，人稱爲楝城。相與出貲造四門於四方，
> 曉開夜閉，虎遂不逾城而入，世世尸祝之焉。〔註11〕

叔保因得關帝聖君指示，居住在無錫許舍一帶，因此奉祠無異於先祖。
初一、十五之時，一定祭拜，其他時間每隔三、五天都會前來灑掃，十分虔
誠。晚年時，因過度關心神像之事，而臥病在床，沒多久就去世了。《萬柳溪
邊舊話》記載到：

> 侍制公奉關侯不異祖先，朔望必拜，於日隔三五日必來灑掃虔揖，
> 培灌木，故竹木比他山麓更森蔚可愛，春秋多遊人，亦有進關侯香
> 者。侍制公晚年畏寒，慎於出戶，已經一月不入祠。一日微雪中肩
> 輿而來，以褒拂侯像之塵，侯兩顴若有汗者，侍制公以爲灑掃之役，
> 誤以水及像，乃手拭之，既乾，稍久復有，心甚疑之，不覺淚下，
> 遽歸，便臥疾一月而終，正除夜也。〔註12〕

尤叔保卒後，因其孫尤輝官爵顯貴，而追贈侍制，故稱侍制公。侍制公娶妻
洪氏，生有二子：兄曰尤大成、弟曰尤大公。

二、尤大成

年二十四娶妻范氏，二年而舉子尤申。范氏年十九而大成歿，從此水漿
不入口，哭泣二日，懷付少姑徐氏曰：「姑無子，以我子爲子可也。」徐將問
其故，范氏執亡夫配劍自刎而死。官府因念其貞節，發糧予以救濟。

三、尤大公

字無己，生有俠氣，鄰右許氏婦與男子私通，謀殺其夫，里宰狀告其事，
奈有司不明，反置里宰罪。公捐數十金贖之。一夕，間知許婦與私夫同處於
樓，公素有勇力，乃持刀越入樓，破其戶，斬二人以出。出而遇一僧持燈夜
歸者，雅識公，公懼，變服逃於蕩東西禧里。後生二子：尤輝、尤申。

四、尤　申

宋神宗熙寧七年（1074）八月生。字楊秋，與從弟尤輝同年生，長輝十

〔註11〕 見尤玘《萬柳溪邊舊話》，頁2。
〔註12〕 同上。

日，出生兩歲，父死；母范氏將申交由少姑徐氏撫養後，持夫劍自刎。因母貞節死於劍，是以戒家人不得殺生，人殺者亦不食，時人稱其清素道人。終其一生不忍服紵綺等衣，從弟官日尊，得推恩，歲以公明進，公也不應。平日過著布素食淡的生活，年三十而生子時亨，遂與妻鄒氏別居，公一生未嘗接近二婦也。鄒夫人百有四歲而卒。

五、尤　輝

自幼聰明，有修吾先生精於禮樂，輝事之，先生即選長婿，愛同諸子。後與其長子少卿公德之同年舉進士，又與德之相繼封郎中。輝年二十一歲，登哲宗紹聖元年（1094）進士，以薦試學官高等，除教授，凡三轉至禮部員外郎，權國子司業，遷司封郎、太常卿間諭德，累除國子祭酒，中書舍人，給事中。久之，拜兵部尚書，尋知樞密院事，除觀文殿大學士，知建康府，家少保。輝任參知政事時，上學向用，然群奸側目，會薦門生余深自代，遂指爲黨，輝立丐。晚年以少保官文殿大學士致仕。歸後，先居西禧里，爲傾圮的覺林寺出資維修，而後遷回無錫，往束帶河，建「逢辰堂」，世祠猶在許舍山。一日，守第人聞祠堂中哭聲甚高，明日開戶視之，神主前大銅爐裂爲八塊，人以爲不祥，八月二十八日，尤輝無疾而終，享年八十五歲。

輝歿，宋高宗贈少師，諡文獻，又賜〈壽殤繪圖〉，敕名「尤圖」。墓在昆山〔註13〕。

尤輝雖爲尤氏家族第一位顯貴致仕者，然其作風卻未爲時人所稱道，因其知民間冤情卻不與辯白（見尤時亨事蹟）。尤輝生有一子曰著，另收有一義子曰平眞〔註14〕，專供傳抄，公甚愛之。

六、尤時亨

申之子，袤之父。生於宋徽宗崇寧二年（1103），字逢盛，號雲耕，奉父母至孝，有曾參之譽，成祖父（尤大成）高貲，喜任達，傾財結客，樂與賢

〔註13〕 「尤圖」一事，見《遂初堂叢談》，頁 19。

〔註14〕 尤輝義子之事，僅見於《萬柳溪邊舊話》：「自孩時即茹素，便利可洗，侍公頤指當意，公甚愛之。眞年十九，公出重貲取沙頭王侍女爲妻。明年八月十五子時，王氏產一女，從左脅下出，舉家往視之，無不驚愕。其脅開奉三月始終沒，尚有丹線一大條，久之可驗。所產女名曰佛奴，慧悟異常，面貌端麗。方五歲舉動如成人，至秋漸不食，形體日小。一日，八月十五子夜，其母丹線忽開，女便躍入母腹，即痛死，公命以僧家法焚之，築一小塔於赤石嶺葬焉（名爲「異女塔」）。平眞日夜思念妻女，不兩月亦死。」，頁 4。

豪貴人游。里有蕭氏者，先世皇胄，富冠一郡，放利行勢則有之，然未嘗爲盜，但富爲眾怨，一邑之人共指其爲湖中盜，是以一家六十餘人拷掠成獄，待死時，文獻公官位至尊，知其冤卻不與白，時亨乃傾財爲蕭白之，遂以勞瘁卒於徽宗紹興十七年（1147），年四十五。夫人耿氏亦悲慟而卒，公與夫人同年同月生，只不同日耳，而卒時亦無不同，時人咸異之。公生五子，以子尤袤顯貴，追贈少師。

七、尤時泰

尤袤族父，尤著從弟，與時亨爲同族兄弟〔註15〕。資稟神異，一目十行，嘗舉博學宏詞，除國監主簿不赴，至樂幽寂，多從高僧道士游。嘗得王八井中儲丹，如璧如丹，盡食之，遍遊名山，更名道元，號浩光道人，歷數年不返，人以爲死矣，至乾道中年已百餘歲，乃一旦還家，童顏黑髮，無異少年，子孫皆亡，獨兩曾孫在侍奉，又二十年無疾化去。化五日，聞棺中呼人名，速開之，遺有一履一玉冠耳。

八、尤 著

字少蒙，文獻公長子，袤堂叔。生於徽宗崇寧三年（1104），生而右手六指，四歲時尚未能言。一日，從母張太夫人往東門迴溪，途中遇見一老僧，老僧忽然抱公曰：「六指禪師，其生於此乎？又落富貴劫矣！」公曰：「別來安善？」兩人相對而泣，此後公能言。其敏慧非常人所及。及長，爲姑蘇王丞婿，多游胥台虎丘之間。年二十八以蘇籍登第，有文名，嘗主管吏部架閣文字，除太學錄檢討官，擢博士，改宗正簿，累官兵部郎官，由禮部郎中爲太子詹事兼秘書監，權工部侍郎，在京任職多年後，因疾致仕，後人稱之工侍公。致仕後徙居鵝湖西偎里，更號西偎居士，既創大第，復築名園，再修覺林寺，寺院方丈感念父子，就撥讓寺中五間屋爲尤氏祠堂，以紀念尤輝居士，堂內五楹，自爲之記，鑿於石樹祠中。其記曰：

> 覺林在吾西禧，吾家爲檀越者百年。大觀（北宋徽宗）初，先文獻
> 公致政歸，寺適傾圮，廓而新之。予時爲童子，嘗從先公游寺中，

〔註15〕根據東吳大學中文碩士生蔡文晉在《宋代藏書家尤袤研究》謂尤時亨和尤時泰是同輩分，但不知其關係，而在尤偉所著《遂初堂叢談》則談到：「始遷廣東也就是遷錫屬祖尤保公的孫兒申，時當北宋朝代，留下長、次子二子，時亨、時泰世居在無錫，他自己與郯夫人別居，遠走天南落腳。」然《萬柳溪邊舊話》卻未提此一關係，叔泰是否爲時亨之弟，此事仍有待考證。

寺中僧輒坐先公，銜杯賦詩，流連忘返者恆數日。比余既冠，假寺
以讀，僧之坐我酒我者，視昔逾密，予若將終身樂焉。後釋褐，官
行在所時，偷簿書暇，過西湖之上流，憩諸剎，恍然覺林寺舊境也，
然心之閟沈萬萬矣。已念吾大人投紱而歸，歸位數年，而先公棄世，
既葬，僧淵來謁，請以其旁院五楹，鳳先公香火，即先公嘗坐而飲
者，余感其意，復出金置田三頃畀之，俾爲醮燭費，時時展拜先像。
留與僧觴詠，翩翩然少年佳思一日復也，恨先公坐臨其上，不能觴
詠如舊日耳。語淵曰：「吾再世有德於寺僧，爾寺僧亦奉我先公香火
如子孫，此誠左右手不可背也，願鐫石壁間示我後人，吾替先公之
志，俾寺之或毀而不能新也，僧或散之四方而不能使復也，爾寺僧
亦虔祠事，世相守無相忘，嗟乎！一切有爲，咸如夢幻，夢而覺焉，
安如覺林之爲色邪，空邪。余之貪癡，乃諄諄於世守。」淵嘗戒我
曰：「檀越何久不起矣。」然余以先公之故，不能忘情也，聊爲之銘。
銘曰：「茫茫苦海，有此覺林。釋我吏事，來聽梵音。不同者道，有
契者心。心之感矣，言念昔今。在昔先公，策杖茲尋。今也何之，
肖像余臨。華燈明滅，青篆浮沈。庭賓啼鳥，簾迓遙岑。既瞻既拜，
亦詠亦斟。而饟我酢，滌此塵襟。笑同遠社，之結牙琴。願言永世，
講議彌深。我銘示後，式也如金。」〔註16〕

九、尤　褧

字臨海，尤著子。娶久不育。一日，游飲鵝湖中，狂風驟發，睹一失風
覆舟，心甚憐惜，懸重賞命漁人往拯之，乃常熟州倅汪受任滿，攜家入京，
貲囊皆失，幸一家十一口俱獲生全，受甚德公，出其長女以獻，時女二十有
二矣，亦有姿色，公厚實其行橐而領之，又二年而生子尤梁，汪倅女所產也。

十、尤　梁

字正平。爲汪倅女所生，性好節，雖蓄妻妾而不喜近。一口間，數盥洗
手面，不茹葷、不飲酒，稍聞婦女髮油氣，嘔吐不已，或云終身未嘗行人道，
好焚異香，日狎一馴鹿，所至隨之。書室中，潔不容一塵，蓋梁爲來自仙位
中者乎？享年八十八卒，無子女，以概次子燿爲嗣，爲玘之高祖也。此後大
成、大公二族合而爲一，而梁之子孫，亦可云袤之子孫。

〔註16〕　（宋）尤玘《萬柳溪邊舊話》，頁5。

十一、尤　棐

字與平，號五湖，尤袤長子。初生時，全身刺百花鳥雀，十歲隱約可見。其質極慧，卻倦於讀誦，依父蔭入仕二十年，累官至兵部侍郎，享年高壽以終，葬於許舍山〔註17〕。後稱爲兵侍公。

兵侍公喜食螃蟹，因吃蟹幾喪命。《萬柳溪邊舊話》中提及此事：

> 秋風蟹肥，日把酒持螯，與客笑傲山陰。術士袁大韜者，其數動帝皇，孝宗時時招前席，賜賚不可勝計，大韜挾人主之寵，往來三公九卿間，而與侍制公最昵。一日訪公里第，直公在華藏寺，遂操扁舟櫂湖而來，公方與客飲雲海亭上，漁人網得八大蟹，其內有二大，幾一觔，非復平日所見，公甚喜，捐錢數百賞之。而大韜適至，喜而劇飲，大韜曰「某近遇一異術，能知人食料。」棐曰：「今得八蟹，一主六客，孰兼食者？」大韜默坐屈指，數十迴算之，面漸赤，大叫曰：「異事，七人俱不得食蟹。」眾皆大笑，大韜復默算者久之，謂兵制公曰：「公五年內未得食蟹。」公亦大笑。未幾，客有朱朗卿與弟遂卿者偕去。酒方數行，催庖人治蟹甚急，忽遂卿奔來曰：「吾兄催蟹，啓釜觀之，睹一落足甚巨，取而嘗之，頃刻眩倒。」眾共奔視，朗卿死矣。二三客迎醫治之，各司其事，至暮遂不能救。大韜手取諸蟹，傾倒於湖濱，偶遺一二足落於岸左，一犬食之立斃，而湖濱大小魚之死者不可以數計，湖中漁舟百十，皆仰尤氏爲衣食者，乃召進蟹人問之，曰：「得之於湖岸大垂柳下。」公命僕夫持鍤掘之，得赤首巨蛇數十，蟹之大者已久飧毒氣也。兵侍公甚憐朗卿，後葬之，而恤其子弟，後賜大韜數十金。終身戒不食蟹。〔註18〕

尤棐當時所住的許舍山，井水多鹹苦，所用的飲水需往山澗取用，因此夏日家中之人常患腹疾。尤棐夫人一晚夢見一神人持一鐵柱，鐵柱恍惚如金色，柱下有泉水湧出，頃刻數尺。夫人因此驚醒，將此事告知尤棐。不久，夫人歸寧還家，幃輿中見到山間一柱，宛如夢中所睹，問女使，然女使不見此柱。於是命僕夫於松椿標作記號，歸家後告訴尤棐，召工匠鑿之，不十尺

〔註17〕尤袤長子尤棐墓在許舍山；尤棐子尤熇墓在東孔山；其十二世孫尤良葬在章山，茲此三墓已無蹤跡。尤偉《遂初堂叢談》，頁153。

〔註18〕（宋）尤玘《萬柳溪邊舊話》，頁9～10。

而泉水湧出，甘淡不異二泉〔註19〕，鄉人作地溝，分注數十井不竭矣。丞相名之二二泉〔註20〕，而爲之銘，銘曰：

> 拔劍刺山，水爲之湧。折腰拜井，泉出隨踵。精誠所格，無所弗應。
> 豈以地靈，而誠不勝。山深井少，飮潤痛孕。夢神受符，濬之泉瑩。
> 色清味冽，泉慧可夷。分注百井，汲引有遺。匪世行德，神明曷授。
> 澤沛萬家，來福逾厚。泉名二二，我豈溢美。勒此銘詞，千祀毋毀。
> 〔註21〕

尤棐生有一子焴（莊定公），極爲孝順，其夫人更甚，《萬柳溪邊舊話》作中如此記載：

> 兵侍公夫人性嚴下，嘗苦目疾，時發時止，發則往往不食，海內有
> 名眼藥俱用過，不能癒。莊定公夫人甚孝其姑，姑亦大愛之。夏日
> 姑目疾大發，最劇幾欲自投池水中。莊定公夫人慟哭祝禱天，刺臂
> 血調藥以進姑，姑目即癒。歷數十年至大故未嘗復發。〔註22〕

棐之才氣雖未完全繼承父親，但自小耳濡目染，也奠定深厚基礎，因此其子焴才能有如祖父般輝煌的成就。

十二、尤 概

字與平，尤袤次子，淳熙二年乙未（1175）詹騤榜進士，累官建康府推官，擢左朝奉郎，太常博士。但因性格閒雅，不樂居官，占仕籍十餘年，半在告。未壯懸車，多方外之游。母兄棐極富聲色之樂，概不一與，且自築室於萬竹中，晏坐焚香，泊如也。未耆而歿，人共惜之。概所撰《綠雲寮詩草》，時人比之韋蘇州，其功力非凡，不愧詩香世家。概生有二子：燴、燿。

十三、尤 棟

號率齋，尤棐從弟。學最早，十歲時已精通五經，年十五閱萬卷書。善爲古文，累舉不第，至宋度宗景定三年（1262）始登方山京榜進士，除山陽

〔註19〕「二泉」爲遂初堂藏書樓前天然泉，其泉水終年不枯，爲著名的「天下第二泉」。陶寶慶〈尤袤與萬卷樓〉一文中所載（《文物天地》第三期，北京市：中國文物報社，1985年），頁38～40。

〔註20〕因萬卷樓幾次毀於火焚，正確地址已不明。余嘗親履其地，遍尋萬卷樓、遂初堂內外，不見「二二泉」蹤跡，且惠山因開發導致蓄水量不足，許多泉都因乾枯而雜草叢生。

〔註21〕同注18，頁10。

〔註22〕同上。

知縣。不樂吏事，告歸，薦補州教授，召爲秘書正字，不能佐權要，出爲廣德刺史。致仕家貧，享大耋清福。生有二子：壽、照，皆仕不顯，而博學有文名。當是時，江南郡邑金石文章碑版皆其父子之筆，至今名碑布滿諸處，本邑中更多。棟年歲少於焴，然卻以叔輩行。尤棟於〈重建五先生祠堂記〉中敘及尤袤，稱袤爲「乾淳老儒，從學二程再傳弟子喻玉泉，能續程夫子之道。」文中言及「今里中故宅尙有藏書之所」，則尤氏藏書的傳承頗爲知名。

十四、尤 燿

孝宗乾道七年生（1171），尤概第二子，字仲微，生於世祿之家而好藝文。既長，益習經術，其學爲江南才子所佩服。雖文筆甚好，但不登第。及門受經諸生歲已百數，燿選其中最貧困者給食，次貧者給毫楮，士心益向燿。後嗣於從父梁爲子，更名英宗。年四十始以祖袤蔭出仕，官致衛尉寺丞。未幾，衣歸，仍教授諸生如故。紹定六年（1233）卒，年六十三歲。

十五、尤 焴

生於宋光宗紹熙元年（1190），字伯晦，號木石，袤之孫。尤焴師從浙江永嘉（今溫州）學者王誠叟，盡得其眞傳。十九歲時，登寧宗嘉定元年（1208）鄭自誠榜進士，時歲次戊辰，和祖父登進士同爲戊辰。初任壽山陽法曹，會蕭德慶犯鹽城，郡檄無論，事定，就畀邑宰，故秩倅海陵參東淮制幕，入爲軍器監簿，遷太府丞檢討編修，擢司農少卿，總餉淮西，再入除理卿。當其以儒者守淮時，威惠並濟，吏民翕服，名振一時。後爲福建帥漕，改沿江制副。召爲秘書監，繼祖父爲侍講兼直院，出知太平州，其州亦祖父之舊治也。後以內侍奉朝請兼侍讀兼修史，權工部尙書，繼爲禮部尙書。未幾，兵侍公過世，焴守喪。除喪後，官拜內翰端明殿大學士，提舉祕書省，提綱史事，封毘陵郡侯。三十年致仕，時甫六十一歲。退位後，購臨安（今杭州）西湖花園一座，自娛晚景。宋度宗一度巡幸，賜御書對聯一副。咸淳十年（一二七四年）卒，壽八十五歲〔註23〕。尤焴辭世，諡莊定。

尤焴是一位敦親睦陵的長者，對待福建族人很有感情，每逢晉江同宗遠

〔註23〕《咸淳毘陵志》、《宋元學案》及《萬姓統譜》皆云焴卒年八十三歲，《萬柳溪邊舊話》則記焴卒時爲八十四歲，然《遂初堂叢談》則認爲焴於八十五歲過世，且《全唐詩話》目前已確定爲尤焴所著，由《全唐詩話》中所寫「咸淳辛未重陽日，遂初堂書」一句推斷，焴死之年在八十四歲到八十五歲間。

道來晤，便致贈銀兩，鼓勵購置族田；晚年更捐出俸祿，於晉江故里購置四十二頃田，贍養族中老弱。焴有一門生趙君發，因感念其教育之恩，著《尤公日歷》十一卷，其內容詳細記載焴的生平事蹟，惜今已不存。而焴著有《全唐詩話》，自序云：

> 余少有詩癖，歲在甲午，奉祀湖曲，日與四方勝游專意吟事，大概於唐人詩誦之尤習，間又裒話錄之，纂記益朋友之見聞，滙而書之，名曰《全唐詩話》。未幾馳驅于外，此事便廢。逦來三十有八矣！今又蒙恩便養湖曲，因理故篋，復得是編。披覽慨然，恍如疇昔浩歌縱談時也。唐自貞觀以來，雖尚有六朝聲病，而氣韵雄深，駸駸古意。開元、元和之盛，遂可追配風雅，迨會昌而后刻露靡盡矣！觀世變者，往往于此有感焉，徒詩云乎哉！咸淳辛未重陽日，遂初堂書。〔註24〕

清代以降，都以爲此敘乃尤袤所著，後經考證，確定爲尤焴所著。然焴所流傳作品不多，在《錫山尤氏文存》中僅見〈全唐詩話自序〉和爲無錫狀元蔣重珍墓寫的〈宋故刑部侍郎蔣公壙志〉，另外在《尤氏歷代詩存》中收錄〈西湖置酒短歌〉和〈被命出鎮淮西至任〉兩首詩。

十六、尤　玘

字守元（一說字君玉），袤六世孫。元初爲中書掾，仕至大司徒，封魏郡公。玘爲官多司錢穀，鉤校出納，時人病其繁。然玘雅事豪飲，踰石不亂，率七日宴遊，三日視事，事無大小必辦。晚年致仕還鄉，架數十木屋於萬柳溪上，日聚親族談先世事，著《萬柳溪邊舊話》三卷。明代永樂進士尤實在〈萬柳溪邊舊話跋〉中說道：

> 先曾祖大同司徒守元公致仕還，架數十木屋于萬柳溪上，日聚親族談論先世事，著《萬柳溪邊舊話》三卷。不肖實少侍父味菜翁（尤居敬）。翁時述其語。洪武二十九年丙子科，實幸登鄉舉（舉人榜）。〔註25〕

尤玘完稿後置於吳郡覺林寺中，因久置受潮，明代發現時已毀壞大半，僅剩一卷完好。洪武中年，曾孫尤實傳抄，嘉靖中玘八世孫尤魯重刻於家塾，九

〔註24〕舊題尤袤《全唐詩話》序（臺北縣板橋市：藝文印書館《百部叢書集成》影印本，民國55年）。

〔註25〕（宋）尤玘《萬柳溪邊舊話》，頁13。

世孫尤錝續寫後三十五則，作爲續編傳世。今本通作一卷，與玘所著三卷相去甚多，但由剩餘的部分仍可見尤袤先祖事蹟及部分正史中未記載之傳奇故事。

十七、尤 侗

袤十八世孫，清代著名才子，名聲與其祖袤相當。侗字侗人，又自展成，號悔庵，晚號艮齋，又號西堂老人。博學強記，年輕時補諸生，先任直隸永平府，旋於康熙十八年考中「博學鴻儒辭，任翰林院檢討，參與纂修《明史》，獲朝廷稱許爲「眞才子」。康熙皇帝南巡，駕到蘇州，尤侗獻〈平朔頌〉和〈萬壽詩〉，受賜御書「鶴栖堂」匾額。侗性和易，與物無忤，汲引後進。卒年八十七。著述甚富，有《全集》五十卷、《餘集》七十卷、《荷栖堂文集》十卷及《西堂雜俎》，尤以《西堂雜俎》爲最，因其內容多言及尤氏祖先遞承，可爲尤氏一族蕃衍的總結。

侗以南宋四家中獨其祖袤著述不傳於世，深感子孫不孝，未能奉守典章制度，導致先賢手澤委身草莽，痛心之餘，蒐羅輯佚，企求彌補遂初書院「書厄火海」的莫大損失，然燼餘既不可得，只得轉求於城中舊家，輾轉徵詢，尤其尤袤的所刻的《文選》和經書，更是借鈔影摹，同時也得友人朱彝尊的協助，得古今詩四十七首、雜文二十六首、彙成兩卷，名曰《梁谿遺稿》，於清康熙三十九年付印，其後朝廷收入《四庫全書》，使後人始得尤袤著作，此舉實功不可沒。

十八、尤 桐

梁溪尤氏三十世孫，譜名廷楨，字幹丞，別號日新居士。清同治六年（1867），生於錫城流芳聲巷，後遷居北門道長巷。兄弟五人，排行第三。桐爲清末舉人，恪守庭訓，處處寬以待人，在京工作二十多年，從不接受意外之財，素有「清」、「愼」、「勤」之特點。光緒、宣統年間，他主要供職法部。民國成立後任交通部秘書、總務廳文書科科長、機要科副科長等職。之後重修《尤氏宗譜》、拓建宗祠，使尤氏一脈世系分明，又於惠山二泉亭側一再修繕遂初堂、萬卷樓和錫麓書院屋宇，以及重修〈尤文簡公墓碑〉。〈萬卷樓記〉碑文中記載一段有關尤桐重修萬卷樓之事：

> 萬卷樓系南宋著名詩人尤袤所築。袤字延之，號遂初居士。無錫人，生於公元一一五七年，於一一九四年，與楊萬里、范成大、陸游齊名，合稱南宋四大家。曾任禮部尚書，卒諡文簡。告老還鄉後築遂

初書院、錫麓書堂、萬卷樓等於惠山。潛心著述，著《遂初小稿》
六十卷、《內外制》三十卷、《梁溪集》五十卷、《文選考異》一卷、
《遂初堂書目》一卷。藏書逾三萬卷。萬卷樓早年毀於兵燹，孫桐
曾於一九〇三年修復，蒙政府撥款修繕保存，感載無歝，茲銘誌。
梁溪黃懷覺刻，一九八二年八月立。〔註26〕

　　以上列舉尤氏家族中十八位人物，均與尤袤相關，且為深受其影響的後
世子孫。此外尤氏家族也有對國家多有貢獻，或事蹟令人稱讚的子孫，例如：
尤文、尤謙、尤茂、尤瑛等人。但這些人物距離尤袤甚遠，受尤袤影響較不
顯著，因而不在此列舉。

　　尤氏家族書香氣習始於尤叔保，到尤袤時發揚極致，位居南宋四大中興
詩人之一。後經尤概、尤棟、尤森、尤焴等子孫的繼承，其家族學風未曾間
斷，至清代大學士尤侗後再次發揚。民國之後，尤氏第三十三世孫尤偉依舊
繼承先祖的成就，繼續在文學上開花結果，與先祖尤袤遙相呼應，形成尤氏
家族傲人的文學家風範。由此可知，尤袤在家族地位上的重要性。

〔註26〕筆者於 2009 年 1 月 28 日親訪惠山萬卷樓時，見此碑文記載尤侗重建萬卷樓
　　　　之事，隨手記下。因碑文年久失修，部份文字模糊不清，無法詳盡記載。

第三章　尤袤生平及其學術

第一節　生　平

一、生平繫年

　　一歲，尤袤，字延之，一字季長，小名盤郎，號遂初居士，晚年號樂溪、木石老逸民。北宋靖康末年－建炎元年（1127），出生於江蘇常州無錫開化鄉許舍嶺下的白石里。《萬柳溪邊舊話》云：

　　　　文簡公生靖康丁未。〔註1〕

　　尤袤資質聰明，五歲時能寫詩句。《宋史》稱他「少穎異」。叔祖－尤輝驚稱曰：『此天上麒麟，吾不如也！』至袤十歲時，便親自教授五經。當時同鄉的鄰居侍郎蔣偕、施坰，稱他爲「奇童」。《萬柳溪邊舊話》云：

　　　　十歲，（文獻公）親授以經，蔣偕，蔣偕、施坰以神童薦於有司。

　　　　〔註2〕

　　十五歲，紹興十一年（1131），入太學，並以詞賦聞名於毗陵郡（今常州，時無錫屬毗陵）。《宋史》本傳云：

　　　　入太學，以詞賦冠多士，尋南宮。〔註3〕

《萬柳溪邊舊話》亦載：

〔註1〕　（宋）尤玘《萬柳溪邊舊話》，頁6。
〔註2〕　同上。
〔註3〕　（元）脫脫《宋史》卷389、〈列傳〉第189〈尤袤〉（台北：鼎文書局，民國83年6月8版），頁11923。

年十五，以詞賦爲諸士冠，毗陵自置郡以來未有，舉進士第一人者。
〔註4〕

十八歲，紹興十四年（1140），父親尤時亨爲鄉人蕭氏伸冤，勞瘁致死，葬於石塘門射山，袤在社山守墓三年。守墓十日後的一晚，袤見父親墓前湖面滿是燈火，且巨響震地。《萬柳溪邊舊話》載：

> 閩僧普明喜爲人相葬地，文簡公雲耕翁卒，普明遍相吳 塘山之陽而葬之。文簡公廬於墓者三年，其始葬方十日，月夜見萬燈滿湖，叱聲震地。文簡公懼，與二三僮僕隱喬松之下。空中問曰：「此地發福三百年，彼人子有何得而畀之，速令發去。」又聞空中高聲應曰：「尤時亨累世積德，袤又純孝之子也。」空中又曰：『世德純孝，可當此地矣，其善護之。」 此紹興十四年秋事也。文簡公服闋即登上第，祖孫皆尚書，至不肖玘凡六世而金紫未絕。 〔註5〕

《錫金識小錄》引〈錫山景物略〉：

> 尤延之葬父時亨於吳塘山，廬墓三年。一夕見燈光蔽湖，有神舟抵岸，山神往迎之，舟中神叱曰：「此大地發福當三百年，誰敢當者，爲我褫之。」山神俯首喏，神忽不見，延之悲痛不知所出，扶墓長號，水漿不入口者三日。夜，湖神復至，山神具以狀告，神曰：「孝子也，可當之。」明年延之服闋登第，六世金紫不絕。〔註6〕

《常州先哲遺書》本《梁谿遺稿》所附之家譜本傳：

> 方文簡公喪父，廬墓三年，一慟累日，卜葬吳塘，始葬十日，見萬燈滿湖，叱聲震地，公懼，隱松喬下，聞空中曰：「此地發福三百年，彼人子有何德而畀之，速令發去！」又聞空中應曰：「尤時亨累世積德，袤又純孝子也。」空中又曰：「世德純孝，可當此地矣，其善護之。」紹興十四年秋事也。〔註7〕

案：關於尤袤父親死亡的時間，目前有兩種說法。《萬柳溪邊舊話》與《家譜本傳》皆言尤時亨卒，尤袤守墓爲紹興十四年，但《錫金識小錄》和《萬柳

〔註4〕 同注1。

〔註5〕 同註1，頁6。

〔註6〕 （清）黃印《錫金志小錄》志17（臺北市：成文出版社，民國72年），頁134
～135。

〔註7〕 （清）盛宣懷《常州先哲遺書・梁谿遺稿》〈家譜本傳〉（台北縣板橋市：藝
文出版社《四部分類叢書集成》，民國60年）。

溪邊舊話》皆言袤服闋時即登第，且在時亨卒後一年。《宋史》載尤袤於紹興十八年登進士第，則時亨逝世之時應爲紹興十七年。但是《萬柳溪邊舊話》和《家譜本傳》裡提及袤於父親死後守墓達三年，尤袤又於紹興十八年考上進士，照此推判，尤袤父親逝世的時間應該是紹興十四年左右，且《開化鄉志》和《錫山景物略》均提到「尤袤于兄弟行中居幼，年未弱冠，父丁憂，獨自守墓三年，袤部爲動。及服闋，果應驗。」〔註8〕若尤袤未弱冠而守喪，則尤時亨過世的時間應爲紹興十四年，也就是尤袤十八歲的時期，此年與《萬柳溪邊舊話》和《家譜本傳》時間相同，但確實時間仍有待考。

　　二十二歲，紹興十八年（1144），考中進士。原本可以中狀元，因爲秦檜阻擾〔註9〕，改以王佐爲狀元。《宋史》本傳載：

　　　　紹興十八年擢進士第。〔註10〕

《萬柳溪邊舊話》載：

　　　　毗陵自置郡以來未有舉進士，第一人者文簡公，二十二歲名冠南宮，
　　　　廷擬狀元，因不呈卷，秦檜易以王佐。〔註11〕

《紹興十八年同年小錄》載：

　　　　第三甲第三十七人尤袤，字延之，小名盤郎，小字季長，年二十二，
　　　　二月十四日生，外氏耿永感下第百九，兄弟四人二舉，娶唐氏。魯
　　　　祖大成故不仕，祖申故不仕，父時亨故不仕。本貫常州無錫開化鄉，
　　　　白石里爲戶。〔註12〕

《西神叢話》卷二十云：

　　　　尤文簡公試禮部，居第一，廷擬狀元，不肯呈卷於秦檜，檜以王佐
　　　　易之。是科不呈檜卷者只有二人，公與朱晦菴也。〔註13〕

　　尤袤登第後就跟喻樗〔註14〕學習，學益精進，後來成爲嫡傳道學家東林書院二十二賢之列。元代《無錫縣志》說他被當世『推爲人物之宗』，『形貌

〔註8〕　尤偉《遂初堂叢談》，頁21。
〔註9〕　另一說法爲：秦檜壓住尤袤的試卷，不呈卷給皇帝，導致成了第三甲第三十七名進士。詳見尤偉《遂初堂叢談》，頁23。
〔註10〕　《宋史》卷389、〈列傳〉第189，〈尤袤〉，頁11923。
〔註11〕　（宋）尤玘《萬柳溪邊舊話》，頁6。
〔註12〕　（宋）不著撰人《紹興十八年同年小錄》（台北：商務印書館《景印文淵閣四庫全書》本，1986年），頁448～366。
〔註13〕　（清）黃蛟起《西神叢話》（台北：廣文出版社，1968年），頁54。
〔註14〕　詳見第二節交遊考〈喻樗〉。

不逾人，而風度端凝』。《宋史》本傳載：

> 袤少從喻樗、汪應辰遊，樗學於楊時。時，程頤高弟也。〔註15〕

《咸淳毘陵志》載：

> 登紹興十八年第，從工部玉泉喻樗遊，樗，龜山先生高弟也。樗以
> 所得龜山講明受之，由是學益進。〔註16〕

案：宋儒的哲學思想，以繼承孔孟『道統』，宣揚『性命義理』之學爲主，稱『道學』或『理學』。創始人爲周敦頤，後傳程顥、程頤兄弟；二程傳楊時（龜山先生）；楊時傳喻樗，再傳尤袤；尤再傳李祥、蔣重珍。元代時無錫建『五先生祠』即爲紀念楊、喻、尤、李、蔣五位。

　　三十五歲，紹興三十一年（1161）。任江蘇泰興縣令。當時正值金兵瘋狂進犯，百姓紛紛逃難，一些膽小的官員因想保全生命和官位，紛紛投降或棄城而逃，尤袤卻堅守泰興縣。泰興縣早已因戰亂而破舊不堪，袤組織軍民日夜搶修，嚴加防範，泰興縣固若金湯，金兵數攻不下，即使鄰近的揚州城失守，泰興縣依然安穩，於是全城百姓爲尤袤建立一座生祠，用來祝福他的長生。《宋史》本傳云：

> 曾爲泰興令，問民疾苦，皆曰：「郡伯鎮置頓，爲金使經行也，使率
> 不受而空屬民。漕司輸槁秸，致一束數十金。二弊久，莫之去。」
> 乃力請臺閫奏免之。縣舊有外城，屢殘於寇，頹毀甚，袤即脩築。
> 已而金渝盟，陷揚州，獨泰興以有城得全。後因事至舊治，吏民羅
> 拜曰：『此吾父母也。』爲立生祠。〔註17〕

《泰興縣志》載：

> 泰興縣儒學在縣治東，過隆興橋，西臨小河；正德間，于東廡置有
> 名宦祠，祀宋尤袤。〔註18〕

《建炎以來繫年要錄》卷一九四：

> 壬辰，拱衛大夫，忠州刺史，殿前司右軍統制王剛以所部至泰興縣，
> 時知縣事尤袤猶堅守不去，翌日金人遊騎至城下，剛率眾拒之。袤，
> 無錫人也。〔註19〕

〔註15〕《宋史》卷389、〈列傳〉第189，〈尤袤〉，頁11923。

〔註16〕（宋）史能之《咸淳毘陵志》（臺北市：成文印書館，民國72年），頁3620。

〔註17〕同上。

〔註18〕尤偉《遂初堂叢談》，頁31。

〔註19〕（宋）李心傳《建炎以來繫年要錄》（台北：商務印書館《景印文淵閣四庫全

　　袤在擔任泰興縣令其間，因能體恤民生疾苦，對於當時的酷吏苛征十分痛恨。這從當時眾口傳頌他的〈淮民謠〉中，可充分窺見尤袤當時的心境。〈淮民謠〉內容如下：

> 東府買舟船，西府買器械，問儂欲何爲？團結山水寨。寨長過我廬，
> 意氣甚雄粗。青衫兩承局，暮夜連句呼。句呼且未已，椎剝到雞豕。
> 驅東復驅西，棄卻鋤與犁。無錢買刀劍，典書渾家衣。去年江南荒，
> 趁熟過江北。江北不可住，江南歸未得。父母生我時，教我學耕桑。
> 不識官府嚴，安能事戎行？執槍不解刺，執弓不能射。團結我何爲，
> 徒勞定無益。流離重流離，忍凍復忍飢。誰謂天地寬，一身無所依。
> 淮南喪亂後，安集亦未久。死者積如麻，生者能幾口？荒村日西斜，
> 破屋兩三家。撫摩力不給，將奈此憂何？維揚五易帥，山陽四易守。
> 我來七八月，月月常奔走。帑藏憂煎熬，官民困馳驟。世態競趨新，
> 人情羞諸舊。如其數移易，是使政紛糅。被席不得溫，設施亦何有。
> 淮南重凋瘵，十室空八九。況復苦將迎，不忍更回首。學聞古爲治，
> 必假歲月久。安得如奕棋，易置翻覆手。〔註20〕

正因爲這樣體恤民情，能與人民著想並揭露官民之間的矛盾，這首歌才如此得後人民的喜愛，於是當尤袤在紹興三十四年任職滿後，泰興尤袤令的名聲傳遍國內，這首歌也成爲千古絕唱的歌謠。

　　三十七歲，興隆元年（1163）。任江陰學官，前後七年，爲讀書計。四十三歲，興隆二年（1164），從臣推薦，爲將作監簿。

　　四十五歲，乾道七年（1171）。五月任秘書丞兼實錄院檢討。十二月任秘書丞兼國史院編修官，再兼實錄院檢討官。《宋史》本傳：

> 大宗正闕丞，人爭求之，陳俊卿曰：「當予不求者。」遂除袤。虞允
> 文過三館，問誰可爲秘書丞者？僉以袤對。亟授之。張栻曰：「眞秘
> 書也。」兼國史院編修官、實錄院檢討官，遷著作郎兼太子侍讀。
>
> 〔註21〕

《南宋館閣錄》載：

> 尤袤字延之，毗陵人，王佐榜進士出身，治詩賦。乾道七年五月除

　　　書》本，1986年），頁327～792。
〔註20〕尤偉《遂初堂叢談》，頁29～30頁。
〔註21〕《宋史》卷389、〈列傳〉第189〈尤袤〉，頁11923。

秘書丞，八年五月爲著作郎。〔註22〕

當時楊萬裡因宰相陳俊卿、虞允文推薦於朝廷，故於臨安受任國子博士一職，得以結識尤袤。楊萬里在《誠齋集》卷七十九〈益齋藏書目序〉敘述其事如下：

> 余在朝，雖與天下之俊英並遊，然閱三數月，事其面未遍也，既未識其面，未能遍交其人。一日， 除書下，遷大宗正丞尤公延之爲秘書丞，吾友張欽夫悦此除也，曰：「眞秘書矣。」余自是知延之之賢，始願交焉。〔註23〕

四十七歲，乾道九年（1173）。六月十四日以著作郎兼太子侍讀。十月，張說密奏，宰相梁克家因此罷相，尤袤也因爲率三館諫書而出知台州。《宋史》本傳云：

> 先是張說自閣門入，西府士論鼎沸，從臣因執奏而去者數十人，袤率三館上書諫，且不往見。後說留身密奏，余事梁克家罷相，袤與秘書少閒陳騤各與郡，袤得台州，州五縣〔註24〕，有丁無產者輸二十年丁税，凡萬有三千家。〔註25〕

《南宋館閣錄續錄》卷七：

> 尤袤乾道八月五月除，九年十月知台州。〔註26〕

四十九歲，淳熙二年（1175），台州刺史任內，重修城牆，加高加厚，使得次年大水再犯時，得以保全。後有人向皇帝進讒言，孝宗派人前去密察，當地人對袤讚不絕，便抄其〈東湖四詩〉歸奏，皇帝讀後大爲讚賞，於是改任爲淮東提舉常平。《宋史》本傳云：

> 前守趙汝愚修郡城，工纔什三，屬袤成之。袤按行前築， 殊鹵莽，亟命更築，加高厚，數月而畢。明年大水，更築之，塘正值水衝， 城賴以不沒。會有毀袤者，上疑之，使人密察，民頌其善政，不絕口，乃錄其〈東湖四詩〉歸奏，上讀而嘆賞，遂以文字受知，除淮東提舉常平，改江東。〔註27〕

〔註22〕（宋）陳騤《南宋館閣錄》卷七（北京市：中華書局，1998年七月，第一版），頁89。

〔註23〕（宋）楊萬里《誠齋集》卷79（台北市：商務印書館《四部叢刊》本，1965年），頁657。

〔註24〕台州五縣爲臨海、黃巖、天臺、仙居、寧海五縣。

〔註25〕同22。

〔註26〕（宋）陳騤《南宋館閣錄》卷七，頁90。

〔註27〕《宋史》卷389、〈列傳〉第189〈尤袤〉，頁11924。

案：孝宗所見〈東湖四詩〉，《梁溪遺稿》中並無載，清朝盛宣懷曾錄《天台別編》知台州賜師為其補遺，其詩內容記載治理台州之事，與〈東湖四詩〉無異。由〈台州四詩〉中可見尤袤治理之辛勞：

其一：三日霪霖已渺漫，未晴三日又言乾。

自來說到天難做，天到台州分外難。

其二：百病瘡痍費撫摩，官洪仍愧拙摧科。

自憐鞅掌成何事，贏得霜毛一倍多。

其三：多病多愁老使君，不憂風雨不憂貧。

三年不識東湖面，枉與東湖做主人。

其四：兩載終更過七旬，今朝方始是閒身。

細看壁上提名記，六十年間只五人。

袤因性喜觀山玩水，於是在台州府任內恢復許多舊跡，例如君子堂、節愛堂、凝思堂、樂山堂等，並以詩記述其事。《梁溪遺稿》卷一，載錄詩六首〔註28〕：

〈君子堂〉：

堂堂文簡公，一世夔與皋。君子哉若人，此言聖所褒。遺愛在斯民，誰能薦牲牢。讀有坐嘯地，清楓仰彌高。

〈節愛堂〉：

節愛堂在君子堂右，舊曰燕豫，淳熙四年尤守更今名。尤詩云：「誰憐窮山民，糠粃不自贍。紛紛死溝壑，往往因征歛。夫惟節與愛，是謂仁與儉。揭茲聖人言，聊用字鍼砭。」

〈凝思堂〉：

淳熙四年尤守建。尤詩云：「失腳墜塵網，牒訴擾我懷。公庭了官事，時來坐幽齋。天風肅冷冷，山鳥鳴喈喈。我思在何許，獨對蒼然崖。」

〈樂山堂〉：

淳熙三年尤守建。尤詩云：「草堂有遺基，榛莽歲月久。我來始經茸，把翠開戶牖。羣山供笑傲，萬象皆奔走。所以名學山，欲企仁者壽。」

〈匡峰亭〉：

淳熙四年尤守建，取孫綽賦匡峰千嶺之句。尤詩云：「小亭在山背，

〔註28〕 此六首詩原見陳耆卿《赤城志》，後由尤侗選錄於《梁谿遺稿》內。（宋）尤袤《梁谿遺稿》卷一（台北：商務印書館《景印文淵閣四庫全書》本，1983年），頁 1149～511。

不見山巍巍。但見四面風，輻湊朝宗之。深藏固甚智，自牧甘處卑。
一謙受四益，是以能不危。」

〈駐日亭〉：

攀級上覽級，小憩得危亭。一覽盡寥廓，四山聳寒青。浩若凌太虛，
翩若逐遐征。昏花拭病目，望處曾雙明。

五十二歲淳熙五年（1178）。任淮東路常平，後改江東路常平。當時江東
大旱，尤袤減租賑災，使百姓無一流失。《宋史》本傳云：

江東旱，單車行部，斂一路常平米，通融有無，以之振貸。〔註29〕

五十三歲，淳熙六年（1179），為池州倉使，見安徽貴池有昭明太子廟，
廟內有《昭明文選》，但無刻本，而且內容多裁節錯誤，於是提議重刻《文選》
（詳見刻書考），貴池太守袁說友資助。同年冬，尤袤罷官返鄉，摯友楊萬里
於常州任職，故袤特訪之，兩人秉燭夜談，袤請序於萬里。其〈益齋藏書目
序〉如下：

今年余出守毗陵。蓋延之之州里也，延之持淮南使者之節而歸。一
日，入郭訪余，余與之秉燭夜語，問其閒居何為？則曰：「吾所鈔書，
今若干卷，將彙而目之，飢讀之，以當肉；寒讀之，以當裘；孤寂
而讀之，以當朋友；幽憤而讀之，以當金石琴瑟也。」余益疑焉，
蓋若延之者，記之強，不必抄之富；學之就，不必讀之劬。彼其淳
之為道德，流之為文章，溥之為士也深矣，而猶脫腕於傳寫，焦唇
於誦數，此餘之所疑，而愈不可解者也，蓋彼其不可解也，此其不
可及歟！延之屬余序其書目，余既序之，且將借其書而傳焉。〔註30〕

案：由此可知尤袤當時已經開始整理書目，並著筆撰《遂初堂書目》。

同年，臨海縣治重建落成，主縣者彭仲剛來信請袤記之。《梁溪遺稿》卷
二〈臨海縣重建縣治記〉云：

是冬余罷官歸，踰年則彭以書來告知成矣。〔註31〕

案：臨海縣治重修於己亥之秋，也就是淳熙六年（1179）秋天，而袤罷官還鄉
為前一年，應是淳熙五年（1178）冬天。

五十五歲，淳熙八年（1181）。七月，尤袤因推行朱熹修荒之法，使民無

〔註29〕見《宋史》卷389、列傳第189〈尤袤〉，頁11924。
〔註30〕同注23。
〔註31〕（宋）尤袤《梁谿遺稿》卷一，頁1149～519。

飢荒，故轉職江西路轉運判官，並爲直秘閣，兼隆興（今江西南昌）知府。《宋史》本傳云：

> 朱熹知南康，講荒政，下五等戶租五門以下悉蠲之，袤推行於諸郡，
> 民無流殍。進直秘閣，遷江西漕兼知隆興府。〔註32〕

《宋會要輯稿》冊五十二〈異端〉二：

> 八年七月十七日詔：去歲諸路州準，有旱傷去處，其監司守臣，修
> 舉荒政，民無浮殍，各與除職轉官，既而江西運判尤袤……江西提
> 舉朱熹……並除直秘閣。〔註33〕

因政績卓越，百姓要求立生祠。後進敷文閣，又升江東提刑（按察使）。刊刻《文選》於貴池，刊行時曾考其異文，撰成《文選考異》付梓，並請袁說友題序。袁說友〈題梁朝明太子文選〉記載如下：

> 某到郡之初，倉使尤公方議鋟《文選》板，以實故事，念費差廣而
> 力未給，說友言曰：「是故此邦缺文也，願略他費以佐其用，可乎？」
> 迺相與規度費出，閱一歲有半而後成，則所以敬事於神者厚矣。江
> 東歲比旱，某日與池人禱之神焉，蓋有禱輒應，歲既弗登，獨池之
> 歉猶什四也，願神眷昭答如此，亦有以哉。《文選》以李善本爲勝，
> 尤公博極群書，今親爲讎校，有補學者，是所謂成民而致力於神者
> 與。〔註34〕

上巳日，作《昭明文選》跋文，此跋文在第三節刻書考有詳細介紹。

　　五十六歲，淳熙九年（1182），九月十日爲呂祖謙《呂氏家塾讀詩記》作序。其序如下：

> 六經遭秦火多斷缺，爲三百篇幸而獲全。漢興，言詩者三家，毛氏
> 最著，後世求詩人之意於千百載之下，議論紛紜，莫知折衷。東來
> 呂伯恭病之，因取諸儒之說，擇其善者萃爲一書，間或斷以己意，
> 於是學者始知所歸一。今東洲士於家寶其書，而編帙既多，傳寫易
> 誤，建寧所刻蓋又脫遺，其友丘漕宗卿惜其傳之未廣，始鋟木於江
> 西漕臺，噫！伯恭自少年嚼嚌道眞，涵泳聖經，至以此得疾且死，

〔註32〕　同註 29。
〔註33〕　（清）徐松《宋會要輯稿》第二冊（台北：新文豐出版社，民國 65 年），頁 2080。
〔註34〕　（宋）袁說友《東塘集》卷 19（台北：商務印書館《景印文淵閣四庫全書》
　　　　本，1986 年），頁 1154～375。

六經皆有論著未就，獨此書粗備，誠不可使其無傳，雖伯恭之學不
祉於是，然使學者因是書以求先王以敦人倫、美教化，君子之所以
事君事父，則聖學之門戶豈小補哉！淳熙壬寅重陽後一日，錫山尤
袤書。〔註35〕

五十七歲，淳熙十年（1183）。任吏部郎官兼太子侍講。《宋史》本傳云：

梁克家薦袤及鄭僑，以言事去國，久於外，當召，上可之。召對，
言：「水旱之備惟常平，義倉。願預飭有司隨市價禁科抑，則人自樂
輸，必易集事。」除吏部郎官，太子侍講。〔註36〕

《宋會要輯稿》冊六十四〈職官〉七：

十月三日以宗正少卿史彌大兼，尤袤兼太子侍講。〔註37〕

五十八歲，淳熙十一年（1184），在吏部郎官，六月十一日任考試一職，
負責選才事宜。《宋會要輯稿》冊一百十五〈選舉〉二一：

六月十一日銓試，吏部郎官尤袤、刑部郎官陳倚並考試。〔註38〕

同年九月十五日，應陳倚、錢沖之請，作〈刑部郎官題名記〉如下：

合天下訟獄之成律令章程之事，悉總於尚書刑部，其輕重出入之際，
人之死生繫焉，責任為不輕矣。唐制，刑部郎分四司：曰刑部、曰
都官、曰比部、曰司門，本朝因之，然止以為階官，不釐本務。凡
四方以具獄來上，則獻於審刑院，別命朝官一員判院事。至於元豐，
始以審刑歸刑部，官制刑二十四司，各正其職，於是刑部始得專其
官，而任益重。中興以來，遵承不改，聖天子哀矜庶獄，郎官必采
時望，非明習法令，更治民者弗除，所以選任之意甚厚，士之當是
選者可不思所以稱明指哉！夫法者一成而不可變者也，民偽日滋，
法不能勝，其請佗比，紛然雜陳于前，居其任者，苟非明有以察之，
仁有以守之，公有以行之，則姦吏並緣，舞文巧詆，人受其害，故
居官稱職，每難其人，而在上者尤以責任職為意，歲月既久，除授
不一，前人名氏曼不可考。淳熙十一年，陳公倚、錢公沖之為是官
也，慨然興歎，謀欲序次而書之石。會錢公移漕畿甸，乃伐石庀工，

〔註35〕（宋）呂祖謙《呂氏家塾讀詩記》序（上海市：商務印書館《四部叢刊續編》，
1936年三編）。
〔註36〕《宋史》卷389、〈列傳〉第189〈尤袤〉，頁11924。
〔註37〕（清）徐松《宋會要輯稿》第三冊，頁2537。
〔註38〕同上，第五冊，頁4571。

祝陳公緒程之，緜紹興末得七十人，屬袤記其事，且曰視其名而考
其歲月，則其人之功行善最皆可枚數，此後之居於斯者有所警而不
敢忽也，乃述其大略，且使知刑部之有題名自二公始云。九月望。
〔註39〕

十一月官樞密檢詳文字兼左諭德，又兼國史院編修官。《宋史》本傳云：

累遷樞密檢正兼左諭德，輪對，又申言民貧兵怨者甚切。〔註40〕

《南宋館閣錄》卷九：

十一月以樞密檢詳文字兼國史院編修官。〔註41〕

同年冬天，袤摯友楊萬里召為尚左郎官，至臨安復與袤相互酬唱，交往甚繁。

五十九歲，孝宗淳熙十二年（1185）。袤為右司郎中，兼太子侍講，宰執
並呈袤任國史院編修官，然上意暫待。《南宋館閣錄》卷九，〈官聯〉三：

十二月二月為右司郎中。〔註42〕

《宋會要輯稿》冊七十〈職官〉一八：

十二年二月六日，宰執進呈右司員外郎尤袤兼國史院編修官，上曰：
「朱熹去後，史院未有修史官，若朱熹在此，不知今以成書否？」
王淮等奏：「亦未達成，更有諸傳未畢，如妃主等傳缺略尚多。」上
曰：「若無所據，姑闕之。」因顧梁克家曰：「可以此意，宣諭史院。」
〔註43〕

五月袤辭退椿庫之職，以職務須連貫為由，不願事分二作，故差同僚兼領。《宋
會要輯搞》冊一百四十六〈食貨〉五一：

五月十九日詔右司郎官何萬兼提領雜賣場寄椿庫佐藏封椿庫。先是
右司郎官尤袤分領封椿庫，袤辭以封椿寄椿印記人吏同係一處，難
析為二，故就差何萬兼領。〔註44〕

六十一歲，淳熙十四年（1187）。三月，尤袤與同僚同受太子御製嘗梅詩，
得到太子賞識。此事見楊萬里〈跋御書誠齋二大字〉一文，云：

淳熙十三年三月十九日，今上皇帝陛下於東宮榮觀堂召官僚燕集，

〔註39〕（宋）尤袤〈梁谿遺稿〉卷一，頁1149～252、1149～526。
〔註40〕《宋史》卷389、〈列傳〉第189〈尤袤〉，頁11924。
〔註41〕（宋）陳騤《南宋館閣錄》，頁367。
〔註42〕同上
〔註43〕（清）徐松《宋會要輯稿》第三冊，頁2537。
〔註44〕同上，第六冊，頁5661。

酒半，從至玉淵堂、詹侍臣邲、臣瑞禮、諭德臣揆、侍講臣袤，各
傳刻所賜禦書齋名籤軸以進，再拜稱謝。惟侍讀臣萬里於同列爲末，
至蓋已嘗，有請再拜，申言之。〔註45〕

又跋〈御書制梅雪詩〉曰：

今上皇帝陛下在東宮榮觀堂宴群僚日，既爲臣萬里親灑宸翰作「誠
齋」二字，復書御製梅詩一首五紙，將以分賜臣邲、臣瑞禮、臣揆、
臣萬里、臣袤，置於几上莫敢先取者，臣萬里即請云：「敢用劉泊登
床故事。」乃急取此紙，蓋肆最得意者。〔註46〕

八月，袤爲左司郎中兼國史院編修官。摯友萬里亦居尚書都省會右司郎中，
兩人互動更爲密切。此段不贅，詳見第二節「交游」。

六十一歲，淳熙十四年（1187），正月二十日任中書門下省簡正諸房公事，
兼國史院編修官，並兼太子侍讀。同時受命爲差別試所考試。五月二十五日
升太子左諭德。夏旱，孝宗召群臣討論時政缺失和補救辦法，袤上封書言救
荒之道，其道在順應民情，體恤民心。《宋史》本傳云：

夏旱，詔求闕失，袤上封事，大略言：「天地之氣，宜通則 和，壅
遏則乖；人心舒暢則悅，抑鬱則憤。催科峻急而農民怨；關徵苛察
而商旅怨；差注留滯，而士大夫有失職之怨；廩給朘削，而士卒有
不足之怨；奏讞不時報，而久繫囚者怨；幽枉不獲伸，而負累者怨；
強暴殺人，多特貸命，使已死者怨；友司買納，不即酬價，負販者
怨。人心抑鬱所以感傷天和者，豈特一事而已。方今救荒之策，莫
急於勸分，輸納既多，朝廷吝於推賞。乞詔有司檢舉行之。」〔註47〕

乾道年間，朱熹任台州知府。他因接受百姓控告，彈劾江西提刑的唐仲
友。唐同鄉兼姻親的宰相王淮慫惥吏部尚書鄭丙、監察御史陳賈上奏，攻擊
當時的道學，說：「近日士大夫有所謂道學者，欺世盜名，不宜信用。」建議
朝廷應「考察其人，擯斥勿用。」將矛頭對準朱熹，又攻擊道學。尤袤挺身
而出，爲道學進行辯護，曰：

道學者，堯舜所以爲帝，禹湯、文武所以王，周公、孔孟所以設教。
進立此名詆訾士君子。故臨財不苟得，所謂廉介；安貧守分，所謂

〔註45〕（宋）楊萬里《誠齋集》卷89，頁854。
〔註46〕同上。
〔註47〕《宋史》卷389、〈列傳〉第189〈尤袤〉，頁1192～11925。

恬退；擇言愼行，所謂踐履；行己有恥，所謂名節，皆目之爲道學。
此名一立，賢仁君子欲自見於世，一舉足且入其中，具無得免。此
豈盛世所宜有？願循名必責其實，聽言必觀其行，人情庶不壞於疑
似。〔註48〕

孝宗表示贊同，遂下旨停止攻擊道學。

案：道學爲當時士大夫的典範。慶元年間，承宣使韓侂胄公開禁錮道學，指
控已罷相的趙汝愚爲僞黨首領，朱熹等人僞學逆黨，當時袤已去世多年，然
對孝宗的上書，卻充分表現出何謂道學的見識，也因此後來的士大夫都稱讚
尤袤的遠見。

　　十月，任太常太卿。次日，太上皇趙構駕崩。宋自南渡以後，禮法盡失，
每遇禮法之事，均與尤袤參酌。而爲太上皇定廟號一事，禮部郎洪邁主張定
號『世祖』，尤袤反對，曾上二疏論之，認爲太上皇爲徽宗之子，子爲祖，父
爲宗，有失宗法之序，遂定爲高宗，上採納袤疏，以高宗之號議定。《宋史》
本傳云：

> 當定廟號，袤與禮官定號『高宗』，洪邁獨請號『世祖』。袤率禮官顏
> 師魯、鄭僑奏曰：「廟號之制，祖有功，宗有德。藝祖規劃大業，爲
> 宋太祖，太宗混一區夏，爲宋太宗，自眞宗至欽宗，聖聖相傳，廟致
> 一定，萬世不易。在禮，子爲父屈，示有尊也。太上皇爲徽宗子，子
> 爲祖而父爲宗，失昭穆之序。議者不過以漢光武爲比，光武爲長沙王
> 之後，布衣崛起，不與哀、平相繼，其稱無嫌。太上中興，雖同光武，
> 然實繼徽宗正統，以子繼父，非光武比。將來祔廟在徽宗下而稱祖，
> 恐在天之靈有所不安。」詔群臣集議，袤復上議如初，邁論遂屈。詔
> 從禮官議，眾論紛然。會禮部、太常寺亦同主『高宗』，謂本朝創業
> 中興，皆在商丘，取『商高宗』，實爲有證。始詔從初議。〔註49〕

案：《梁谿遺稿》卷二〈大行太上皇帝廟號疏〉〔註50〕中也提及此事，內容與
《宋史》所載大致相同，可見尤袤在禮法上，對當時產生一定的影響力。

　　居喪其間，金國遣使臣來賀會慶節及明年正旦，孝宗下詔使議賀使會見
及禮物收受之事，袤和群臣共提收禮及謁見權宜之計。《梁谿遺稿》卷二〈論

〔註48〕　尤偉《遂初堂叢談》，頁 37、38。
〔註49〕　《宋史》卷 389、〈列傳〉第 189〈尤袤〉，頁 11925。
〔註50〕　（宋）尤袤《梁谿遺稿》卷二，頁 1149～517。

賀正使不當卻疏〉云：

> 祖宗以來，雖喪制未有不引見使，亦無不受禮物之文，前朝諸臣豈
> 不知不當受而所以不免從權者，以爲既以通好，不當無事而使之疑
> 也。況元日朝會俱罷，初無賀儀幣物，所以將書亦非慶禮，萬一使
> 客必欲如禮而去，則徒爲紛紛，在禮有反經而從權者，正是也。臣
> 等以爲當受。〔註51〕

案：當時正值孝帝守喪期間，禮物當收與否，令禮官詳議，尤袤與顏師魯等
人上疏。此疏於《宋會要輯稿》冊九十〈職官〉五一，內容相似。

高宗崩後，孝宗昭議升配不合既定之時，袤因此上書諫之。詔從之。《宋史》
本傳：

> 淳熙十四年將有事於明堂，詔議升配，袤主紹興，孫近、陳公輔之
> 説，謂「方在經筵，不可配帝，且歷舉郊歲在喪服中者凡四，爲祐
> 明堂用呂大防請，升配神考，時去大祥止百餘日，且祖宗悉用以日
> 易　之制，故升侑無嫌。今陛下行三年之喪，高宗雖已祔廟，百官
> 猶未吉服，詎可近違紹興而遠法升侑之禮？請俟喪畢議之。」詔可。
> 〔註52〕

十一月，孝宗建議事堂，命皇太子參決庶務，袤上書太子，請辭勿居。《梁谿
遺稿》卷二〈獻皇太子書〉：

> 大權所在，天下所爭，趨甚可懼也。願殿下事無大小，一取上旨而
> 後行；情無厚薄，一付眾議而後定。且利害之端，常伏於思慮之所
> 不到疑間之萌，每開於隄防之所不及。儲副之位，止於侍膳問安，
> 不交外事，撫軍監國，自漢至今，多出權宜，事權不一，動有觸礙，
> 乞候祔廟之後，便行懇辭，以彰殿下之令德。〔註53〕

六十二歲，淳熙十五年（1188），臺臣因高宗之喪而乞定喪制，袤上奏言：
「勿採釋老之教」。《宋史》本傳云：

> 臺臣乞定喪制，袤奏：「釋老之教，矯誣褻瀆，非所以嚴官禁、崇幾
> 筵，宜一切禁止。」〔註54〕

〔註51〕同上，卷一，頁1149－518。
〔註52〕《宋史》卷389、〈列傳〉第189〈尤袤〉，頁11926。
〔註53〕（宋）尤袤《梁谿遺稿》卷一，頁1149－518。
〔註54〕同註52，頁11926。

三月，孝宗詔令詳議高宗配饗功臣，洪邁等議以呂頤浩、韓世忠、張俊配饗高宗廟庭，上從之。而袤以未祔廟，而既定配饗，不合典故，乃上奏論之。《宋史》本傳云：

> 靈駕將發引，忽定配享之議，洪邁請用呂頤浩、趙鼎、張俊。袤言：「祖宗典故，既祔然後議配享，今忽定於靈駕發引一日前，部及眾論，無以厭伏勳臣子孫之心。宜反覆熟議，以俟論定。」〔註55〕

《宋會要輯稿》冊四十九〈儀制〉八：

> 十五年三月十七日詔：「令侍從臺諫禮官詳議高宗聖神武文憲孝皇帝附廟配饗功臣，既而兵部尚書宇文價、翰林學士洪邁、權刑部尚書葛邲、權工部尚書韓彥質、戶部侍郎葉翥、刑部侍郎劉國瑞、給事中王信、中書舍人陳居仁、李巘、右諫議大夫謝諤、敷文閣侍制提舉佑神觀吳琚、權吏部侍郎章森、權兵部侍郎林栗、起居舍人鄭僑議：已故大師秦國公諡忠穆。呂頤浩，特進觀文殿大學士諡忠簡。趙鼎、太師蘄王諡忠武。韓世忠、太師循王諡忠烈，張俊配饗，從之。」四月十六日，太常少卿尤袤等言：「竊考祖宗典故，既祔廟然後議配饗，必先有廟而後有從祀之臣，亦必詔禮官參議，務盡眾言。獨嘉祐八年（1063）議以王曾、呂夷簡配食仁宗乃在山陵之前，然亦必先降詔旨下兩制，定議當用何人，而王珪等始以王曾等姓名上之。元祐元年（1086），裕陵復土以七閏月，有司始援典故乞自兩制以上，及太常寺秘書省長貳同意配饗，又兩月而吏部尚書孫永等始以富弼應詔，蓋宗廟之重，必嚴其事也，今來高宗猶未祔廟，所議配饗少遲旬月，固未為晚，乃忽定於靈駕發引一日之先，事出倉皇，眾以為疑。仰惟高宗皇帝受命中興，一時將相依乘風雲，勒功帝籍，不出數人，自有公論，為之子孫皆以祖考得預為榮，儻不按典故，不集眾論，則何以厭服其佗勳臣子孫之心，消弭眾多之口，而祖宗集議典禮將恐遂廢。臣等備員禮官，誠見議論紛紛，以定配為速，以不集議為疑，既有前件典故，儻不條陳，是為失職，乞候升祔禮畢，別擇日下侍從兩省臺諫禮官及秘書省集議施行小貼子，稱：竊惟配食清廟係大典禮，付知眾人則議論自公，遲以歲月則名實自定，公則人無異辭，定則萬事不變，今宜反覆熟議，以盡眾言，庶幾得

〔註55〕同上

預者無愧，不預者無辭。」〔註56〕

四月，孝宗用尤袤之奏，詔群臣在集議配享臣僚，但議仍如故。時楊萬里因爭之不從，而遭補外。《宋史》本傳云：

> 奏入，詔未預議官詳議以聞，繼寢之，卒用四人者。時楊萬里亦謂張俊當配食，爭之不從，補外。〔註57〕

五月，袤為權禮部侍郎，再提升配事宜。〔註58〕後袤奏檢準國朝會要，建議裁減侍衛以適時需，上詔可。《宋會要輯稿》冊四十八〈儀制〉五：

> 十五年五月十四日，權禮部侍郎尤袤等言：「檢準《國朝會要》嘉祐八年（1063）三月二十九日仁廟之喪，英宗七月十三日始御紫宸殿見群臣，退御垂拱殿，中書樞密以次奏事，蓋始御內朝猶未御正衙也，今外朝內皆入臨御，竊詳後殿及延和殿乃祖宗崇政延和之比，緣今延和地步窄隘，難以排立侍從史官管軍御代環列禁衛等，今參酌欲乞皇帝於後殿視事，所有儀制乞下閤門禁衛，所條具申尚書省閤門，奏奉旨後殿坐起居，班次如假日儀遇四參目權令侍從官趨赴起居，其御後殿，日分令太史局選日，主管禁衛，所照得日常，後殿窠差班直親從共三百人排立，止應詔裁減一百五十人。」餘依。

〔註59〕

六月，以權禮部侍郎監聽修國史，仍兼實錄院同修撰。《南宋館閣錄》卷九：

> 尤袤時五年六月以權禮部侍郎兼修國史。〔註60〕

八月，詔擬皇太后宮名，袤等進名慈福，詔依。《宋會要輯稿》冊一百八十七〈方域〉三：

> 淳熙十五（1188）年八月二日詔：修蓋皇太后宮，五日詔學士院給舍同禮官一典禮擬撰進宮殿名，既而……權禮部侍郎尤袤……奏恭擬殿名曰慈福。詔恭依。十六年正月十五日丙午皇太子遷慈福宮。

〔註61〕

六十三歲，淳熙十六年（1189），正月，與孝宗論人才，獲得孝宗認同。又因

〔註56〕（清）徐松《宋會要輯稿》第二冊，頁 1963～1964。
〔註57〕同上
〔註58〕同上，第一冊，頁 936。
〔註59〕同上，第二冊，頁 1918。
〔註60〕（清）陳騤《南宋館閣錄》卷九〈官聯三〉，頁 360。
〔註61〕同註56，第八冊，頁 7330。

與孝宗論事得到讚賞，仍兼中書舍人兼直學士院。《宋史》本傳云：

> 孝宗嘗論人才，袤奏曰：「近召趙汝愚，中外皆喜，如王藺亦望收召。」
> 上曰：「然。」〔註62〕

二月，金國遣使報哀，禮部上奏，以尤袤等人接送伴使副一職，詔從之。《宋會要輯稿》冊九十〈職官〉五一：

> 十六年二月八日盱眙，軍中金國報哀使副取二月二十五日過界，詔就
> 差何澹、戴勳充接送伴史副，澹先於去歲十二月差充賀金國生辰制盱
> 眙，金國遣使報哀，就改命焉。同日禮部太常寺言何澹、戴勳充接送
> 伴使副，所有衣帶自合純吉，金國使副如繫黑帶，聽從其便，帷幕用
> 紫，沿路賜宴，如堅辭不肯赴座，並令析賜。既而權禮部侍郎尤袤等
> 續行參酌接送伴使副，與金國使副初接見日，合依典故，權服公服，
> 黑戴佩魚，以後沿路相見，其接伴使副自純吉服。從之。〔註63〕

二月，光宗即位，二月後開獎筵，尤袤數次上奏，希望光宗整頓國事。《宋史》本傳云：

> 光宗即位甫兩旬，開講筵，袤奏：「願謹初戒始，孜孜興念。」越數
> 日，講筵又奏：「天下萬事失之於初，則後不可救，《書》曰：『慎厥
> 終，爲其始。』又例舉唐太宗不私秦府舊人爲戒。又五日講筵，復
> 論官制謂：『武臣諸司八階爲常綱，橫行十三階爲要官，遙郡五階爲
> 美職，正任六階爲貴品，祖宗待邊境立功者。近年舊法頓壞，使被
> 堅執銳者積功累勞，僅得一階，權要貴近之臣，優遊而歷華要，舉
> 行舊法。」〔註64〕

六月，袤以論事忤權倖，被指爲周必大黨而去國。其友陸游書〈遂初堂詩〉以送之。《宋史》本傳云：

> 姜特立以爲議已，言者固必以爲周必大黨，遂與祠。

《宋會要輯稿》冊一百一〈職官〉七二：

> 六月二十二日詔權禮部侍郎尤袤與郡，以言者論袤兼翰苑、詞掖、
> 史館、經筵，疏謬曠失，士論不服，乞賜罷黜，故有是命。〔註65〕

〔註62〕　《宋史》卷389、〈列傳〉第189〈尤袤〉，頁11926。
〔註63〕　（清）徐松《宋會要輯稿》第四冊，頁3537。
〔註64〕　同註62，頁11927。
〔註65〕　同註63，第四冊，頁3984。

《劍南詩稿》卷二十一載：

> 尤延之侍郎屢求作〈遂初堂詩〉，詩未成，延之去國，因以奉送：「印
> 何纍纍綬若若，只堪人看公何樂。忽然捩柂開布颿，慰滿平生一秋
> 壑。遂初築堂今幾時，年年說歸真得歸。異書名刻堆滿屋，欠伸欲
> 起遭書圍。捨之出遊公豈誤，綠髮朱顏已非故。請將勳業付諸郎，
> 身踐當年遂初賦。」〔註66〕

六十四歲，紹熙元年（1190），光宗改年號，袤官位接連升遷，亦思有所
爲以報國，然終不成。《宋史》本傳云：

> 紹熙元年（1190），起知婺州，改太平州，除煥章閣侍制，召除給事
> 中。既就職，即昌言曰：「老矣，無所補報。凡貴近營求內除小礙法
> 制者，雖特指令書請，有去而已，必不奉詔。」甫數日，中貴四人
> 希賞，欲自正使轉橫行，袤繳奏者三，竟格不下。〔註67〕

六十六歲，紹熙三年（1192），三月，以給事中兼侍講，即入言示帝爲政
要領。《宋史》本傳：

> 兼侍講，入對，言：「願上謹天戒，下畏物情，內正一心，外正五事，
> 澄神寡欲，保毓太和，虛己任賢，酬酢庶務，不在勞精神，耗思慮，
> 屑屑事爲之末也」。〔註68〕

《宋會要輯稿》冊六十三〈職官〉六：

> 三年三月二十日詔給事中尤袤，侍御史林大中並兼侍講。〔註69〕

於給己事中任內，對於不法升遷或任官皆加以痛斥，並進言於上，上悉聽之。
《宋史》本傳云：

> 陳源除在京宮觀，耶律適嘿除承宣使，路安轉遙郡，王成特補官，
> 謝淵、李孝友賞轉官，吳元充、夏永壽遷秩，接論駁之，上並聽納。
> 韓侂胄以武功大夫、和州防禦使用應辦賞直轉橫行，袤繳奏，謂：「正
> 使有止法，可授不可直轉。侂胄勳之後，不宜首壞國法，開攀援之
> 門。」奏入，手詔令書行。袤復奏：「侂胄四年間已轉二十七年合轉
> 之官，今又欲超授四階，復轉二十年之官，是朝廷官爵專徇侂胄之

〔註66〕（宋）陸游撰《劍南詩稿》卷21（台北：中華書局《四部備要》，1965年），
頁3、4。

〔註67〕《宋史》卷389、列傳第189，〈尤袤〉，頁11927

〔註68〕同上。

〔註69〕（清）徐松《宋會要輯稿》第三冊，頁2518。

求，非所以爲摩厲之具也。」命遂格。〔註70〕

六月，尤袤等奏太學取士之法，上從之。《宋會要輯稿》冊五十四〈崇儒〉一：

三年六月二十四日，禮部侍郎倪司國家開設太學，所以網羅天下之材……詔令集議……又吏部尚書趙汝愚、翰林學士李巘、權兵部尚書羅點、戶部侍郎馬大同、給事中尤袤、中書舍人黃裳、權工部侍郎謝申甫、起居郎樓鑰、起居舍人張叔椿言：「竊惟待補之法，其弊已多，因仍歲時弊將益甚。今欲易之混試，固足取快一時，然多士來以數萬計，非惟有司重有勞費，日力有限，較閱難精，亦恐道路奔衝，不無寒暑之患，場屋湫塞，更多踩踐之虞。彼此相形得失居半，蓋有根本之論，稍使古始而言。夫三代鄉舉里選之法雖世遠事異，不可遽復，然有教育作成之意，本諸天地而合乎人情者，則雖百事不能改也。惟我國家內自京師，外及郡縣，皆置學校，慶曆以後，文物彬彬，幾與三代同風矣。遷至崇觀創行舍法，所在養士，誠得黨庠遂序之遺意，故一時學者粗之防檢，非冠帶不敢行於道路，遇鄉曲之長，上及學校之職事則斂容而避之，其風俗亦誠美矣，然其失也在於專習新義，崇尚老莊，廢黜春秋，減絕史學，又罷去科舉，使寒畯之士捨此無以爲進身之路，事理俱礙，旋行廢革，此亦非捨法之罪，其實弊則然也。中興以來，投戈講藝，行都重建太學，諸郡復行貢舉士生，斯時可謂幸矣，然浮僞之風盛，中信之俗微，有司頗以爲病者，亦由州縣之間，士之崇辱進退皆不由乎學校，至論德行道藝則惟取決於糊名，苟微彫篆之文，無復進修之志，其視庠序有同傳舍，視師儒幾若路人，月書季考盡爲文具，疏失朝廷教養之意。汝愚等擬欲遠稽古制，近酌時宜，不煩朝廷建官，不勞有司增費，惟重教官之選，假守貳之權，倣舍法以育才，因大而貢士，考終場之數，定所貢之員，期以次年試於太學，庶幾士修實行，不事虛，漸復淳風，仰禆大化，有三舍之利而無三舍之害，其法頗爲近古，如蒙朝廷采錄，所有諸州教養課試升貢之法，乞下有司詳議施行。然科舉事嚴，試期甫邇，其今歲待補事，欲乞且與依舊放行一次。」從之。〔註71〕

十一月，袤以光宗因疾，不去重陽宮拜謁孝宗，袤上奏，請光宗去重華宮。《宋

〔註70〕　《宋史》卷389、列傳第189，〈尤袤〉，頁11927～11928。
〔註71〕　（清）徐松《宋會要輯稿》第三冊，頁2171～2172。

史》本傳云：

> 上以疾，一再不省重華宮，袤上封事曰：「壽皇事高宗，歷二十八年
> 如一日，陛下所親見，今不待倦勤，以宗社付陛下，當思所以不負
> 其託，望勿憚一日之勤，以解都人之惑。」後數日，駕即過重華宮。
> 〔註72〕

案：尤偉《遂初堂叢談》認爲此處爲光宗因病不願謁見高宗趙構，查高宗生
辰爲1107～1187年，此時高宗早已去世多時，光宗不可能去重華宮謁見高宗，
應是謁見孝宗。

六十七歲，紹熙四年（1193）。任煥章閣侍制，給事中兼侍講。正月，升
禮部尚書，力言國事之弊，上從之。《宋史》本傳云：

> 中宮謁家廟，官吏推賞者百七十有二人，袤力言其濫，乞痛裁節，
> 上從之。嘗因登對，專論廢法用例之弊，至是復申言之。除禮部尚
> 書。〔註73〕

《南宋館閣錄》：

> 三年六月以給事中兼，四月正月爲禮部尚書，仍兼。〔註74〕

六十八歲，紹熙五年（1194），光宗病日益嚴重，趙汝愚、韓侂冑等人擁
趙擴即位，是爲寧宗。寧宗欲啓用陳源和姜特立，尤袤反對，上書歷數二人
醜行，寧宗不聽。袤因憂國事而積勞成疾，要求還鄉，寧宗批准他致仕，封
贈金紫光祿大夫。《宋史》本傳云：

> 上封事曰：「近年以來，給舍、臺諫論事，往往不行，如黃裳、鄭汝
> 諧事遷延一月，如陳源者奉祠，人情固已驚愕，至姜特立召，尤爲
> 駭聞。向特立得志之時，昌言臺諫皆其門人，竊弄威福，一旦斥去，
> 莫不誦陛下英斷。今遽召之，自古去小人甚難，譬除蔓草，猶且復
> 生，況加封植乎？若以源、特立有勞，優以外任，或加錫賚，無所
> 不可。彼其閒廢已久，含憤蓄怨，待此而發，儻復呼之，必將潛引
> 黨類，力排異己，朝廷無由安靜。」時上已屬疾，國事多舛，袤積
> 憂成疾，請告，不報。疾篤乞致仕，又不報，遂卒，年七十。遺奏
> 勸上以孝事兩宮，以勤康庶政，查邪佞，護善類。又口占遺書別政

〔註72〕 《宋史》卷389、〈列傳〉第189〈尤袤〉，頁11927～11928。
〔註73〕 同上
〔註74〕 （宋）陳騤《南宋館閣錄》卷九〈官聯三〉，頁381。

　　府。明年，轉正奉大夫致仕，贈金紫光祿大夫。〔註75〕

案：尤袤卒於七十歲，此一說來自《宋史‧尤袤傳》。而《萬柳溪邊舊話》卻記
載：「時公年七十，遂退職，又八年薨。《宋史》言七十終於位，誤也。」〔註76〕
據此尤袤應卒於寧宗嘉泰四年（1204），然陸游〈尤延之尚書哀辭〉末云：「別
五歲兮，晦顯靡同。書一再兮，爲其告終。」可知尤、陸兩人自淳熙十六年（1189）
杭州一別，五年以後尤袤辭世，按此說法，尤袤則卒於紹熙五年（1194）。東吳
大學中國文學研究所蔡文晉在《宋代藏書家尤袤》一書中，有關尤袤的卒年考，
認爲尤袤卒年爲紹熙四年（1193）。尤袤後代子孫尤偉在《遂初堂叢談》中認爲
尤袤於紹熙四年致仕後，回無錫故鄉建「遂初堂」，並在此處完成《遂初堂書目》。
由於抄書、藏書皆需要一段時間，因此尤袤不可能於致仕後一年內完成，據此
認爲《宗譜》所載「又八年薨」，時間較爲相符〔註77〕。然吳洪澤〈尤袤著述考
辨〉提出《遂初堂書目》並非尤袤紹熙四年致仕後完成，應早於淳熙十六年（1189）
六月，奉祠家居時，已開始整理。吳洪澤發現紹熙元年尤袤刊刻或爲序跋的書
籍均著錄於書目中，但紹熙二年（1191）寄給陸游的《資暇集》刻本和爲林憲
作序的《雪巢小集》則未見著錄，以此證明《遂初堂書目》在紹熙二年（1191）
前已完成〔註78〕，非袤致仕之後，加上陶寶慶〈尤袤與萬卷樓〉一文中提及『萬
卷樓』乃尤袤父親舊有的『依山亭』，到尤袤時改爲『遂初堂』，殊非尤袤致仕
後才建的〔註79〕。由以上幾點可知，尤袤卒於寧宗嘉泰四年（1204）的說法有
誤，陳傅良《止齋先生文集》卷九〈挽尤延之尚書〉有言：「令人常恨經綸意，
歷事三朝見一斑。」〔註80〕明確指出尤袤僅經歷高宗、孝宗、光宗三朝，據此
推論尤袤於紹興四年致仕還鄉，紹興五年卒較爲可信。〔註81〕

　　卒後十九年，嘉定五年（1212），諡號「文簡」，其孫焴爲禮部尚書。

〔註75〕《宋史》卷 389、〈列傳〉第 189，〈尤袤〉，頁 11928～11929。

〔註76〕（宋）尤玘《萬柳溪邊舊話》，頁 7。

〔註77〕尤偉《遂初堂叢談》頁 195～197。

〔註78〕吳洪澤〈尤袤著述考辨〉（成都：四川大學出版社《歷史文獻學卷》，2006 年
　　　　八月初版），頁 472、476。

〔註79〕陶寶慶〈尤袤與萬卷樓〉，《文物天地》第三期（北京市：中國文物報社，1985
　　　　年），頁 38～39。

〔註80〕（宋）陳傅良《止齋先生集》卷九（，台北市：商務印書館《四部叢刊》正
　　　　編，1979 年），頁 61～62。

〔註81〕吳洪澤撰〈尤袤詩名及生卒年解析〉一文中，提出四點論證尤袤應卒於紹熙
　　　　四年年底。因時間相近，在此暫不改卒年時間，待之後有更詳盡資料，再補
　　　　充。《文化遺產》第三期（北京市：中國文物報社，2004 年），頁 142～144。

　　卒後二十一年，寶慶元年（1225），遂初堂大火，尤袤諸多藏書及著作皆付之一炬，至今殘存《文選考異》一部。所幸《遂初堂書目》有湖州陳直齋家的傳抄本，得以倖存。《直齋書錄解題》卷八〈目錄類〉著錄：

> 《遂初堂書目》一卷，錫山尤氏尚書袤延之，淳熙名臣，藏書至多，法書尤富，嘗燼於火，今其存無幾矣。〔註82〕

魏了翁〈跋尤袤遂初堂書藏書目序後〉云：

> 余生晚，不及見遂初先生。……寶慶初年冬（1225），得罪南遷，過錫山，訪前廣德使軍，則書厄於火者累月矣，爲之徬徨不忍去。國朝以來，藏書之盛，鮮有久而弗厄者。……刳如尤氏子孫克世厥家，滋莫可曉，雖然是穰是蓑，雖有饑饉，亦有豐年。吾知有穰蓑耳，豐凶非我知也。尤氏子孫，其尚思所以勿替先志云。〔註83〕

有關尤袤生平考證如上。

二、年　表〔註84〕

中國紀年	年歲	主要事蹟
高宗建炎元年丁未（1127）	1歲	二月十四日生。父時亨，字雲耕，別號廣平居士。母耿氏，法名善悟。
紹興元年，辛亥（1131）	5歲	能寫詩，鄉人稱他『奇童』。
紹興七年，丁巳（1137）	10歲	尤輝親授『五經』，後從師喻樗
紹興十一年，辛酉（1141）	15歲	以詞賦冠諸士，爲毗陵郡進士第一人。
紹興十四年，甲子（1144）	18歲	父時亨勞瘁致死。葬於無錫無塘門之射山，袤守墓三年。
紹興十八年，戊辰（1148）	22歲	禮部試進士第一，朝廷欽點狀元，秦檜不呈卷，易王佐，以致落爲三甲三十七名，與朱熹同榜。
紹興三十一年，辛巳（1161）	35歲	任江蘇奉興縣令。作長詩《懷民謠》，描寫當時的生活。因仁厚愛民，百姓爲他立生祠。
隆興元年，癸未（1163）	37歲	任江陰軍教授，前後共七年。入『名宦祠』。

〔註82〕何廣棪〈撰述尤袤與陳振孫一段學術情緣〉一文，《遂初堂叢談》，頁125、126。
〔註83〕潘美月〈尤袤〉，《宋代藏書家考》（北市：學海出版社，中華民國69年四月），頁181。
〔註84〕參考尤偉《遂初堂叢談》附錄，頁189～192。

乾道五年，己醜（1169）	43歲	任將作監丞。
乾道七年，辛卯（1171）	45歲	五月任秘書丞兼實錄院檢討。十二月任秘書丞兼國史院編修官，再兼實錄院檢討官。
淳熙二年，乙未（1175）	49歲	任浙江台州刺史（即知府）。修築城牆，使次年水患無損傷。
淳熙五年，戊戌（1178）	52歲	任淮南東路常平，改江南東路常平。江東大旱，減租賑災，百姓無一流失。
淳熙六年，已亥（1178）	53歲	爲池州倉使。見安徽貴昭明太子廟有《昭明文選》，但無刻本，而錯誤，於是撰《文選考異》一部，貴池太守袁說友資助。 進直秘閣任職。
淳熙八年，辛醜（1181）	55歲	任江南西路轉運判官，改轉運使，兼隆興（金江西南昌）知府。政績卓著，百姓要求立生祠。 進敷文閣，又升江東提刑（按察使）。
淳熙十年，癸卯（1183）	57歲	任吏部郎官兼太子侍講。
淳熙十一年，甲辰（1184）	58歲	官樞密檢詳文字兼左諭德，又兼國史院編修宮。六月十一日任考試一職，負責選才。
淳熙十四年，丁未（1187）	61歲	升太子左諭德。十月，任太常太卿。太上皇趙構駕崩，禮部郎洪邁主張定號「世祖」，袤以，「子爲祖，父爲宗，失昭穆（宗法）之序」，遂定爲「高宗」。 暫任禮部侍郎兼修國史侍講，又兼直學士，力辭遂免。薦陸游爲直學士，皇上不許，論姜特立醜行，罷職。
淳熙十六年己酉（1189）	63歲	與孝宗論人才，得孝宗認同，故兼終書舍人及直學士院。
紹熙元年，庚戌（1190）	64歲	任浙江婺州知府，又改任安徽太平州知府。
紹熙四年，癸醜（1193）	67歲	任煥章閣侍制，給事中兼侍講。升禮部尚書兼侍讀。後致仕還鄉。
紹熙五年，甲寅（1194）	68歲	上奏皇帝，勸以孝事兩官，以勤康庶政，察奸佞，褒善類。後病逝，安葬於無錫西郊之西孔山。
慶元二年，丙辰（1196）	70歲	皇帝贈金紫光祿大夫。
寶慶理宗元年年，乙酉（1225）	逝後二十一年	遂初堂失火，藏書付諸一炬，只留下《遂初堂書目》及《文選考異》兩書及殘存詩文若干首。

第二節　交　游

尤袤與楊萬里、范成大、陸游四人並稱南宋中興四大詩人，四人詩文皆享譽詩壇，其中又以尤袤名聲最大，元朝大文學家方回曾言道：

> 中興以來，言詩者必曰尤楊范陸。誠齋（楊萬里）時出奇峭，放翁（陸游）善爲悲壯，然無一語不天成，公（指尤袤）與石湖（范成大）冠冕配玉，度騷婉雅，蓋皆胸中儲萬卷書。〔註85〕

而尤袤除了以詩文盛名天下，其政治操守和學問廣博也吸引不少相同人物前來結交，由於多半爲詩人或政治人物，因此有不少詩函往來，也留下不少佳話。由於尤袤結交範圍甚廣，但有些僅爲應酬性的泛泛之交，在此無法詳細描述，下面僅選擇當時來往較密切的人物及往來頻繁的詩人，加以考述。

一、喻樗（？—1180）

喻樗，字子才，一曰子材，號湍石，又號玉泉，原籍江西南昌，遷徙浙江桐廬。少慕伊、洛之學。建炎三年（1129）中進士，趙鼎讚許其議論引爲賓客，任玉山縣尉、祕書省正字兼史官校勘，後因反對和議，去衡州任通判，不久致仕，流寓無錫。秦檜死，起爲大宗正丞，提舉浙東長彭，淳熙七年（1180）卒。有《大學解》一卷、《玉泉論語學》四卷、《豐公逸事》一卷、《易義》、《玉泉講解》、《玉泉語錄》〔註86〕。

案：《宋史》本傳中載：「袤少從喻樗、汪應辰遊。」喻樗爲乃尤袤之師。尤袤於喻樗擔任功部員外郎投其門下，學習理學，而喻樗爲楊時高弟，楊時爲程頤、程顥弟子，依此脈絡言之，袤亦爲二程弟子，因此元代建楊、喻、尤、李、蔣『五先生祠』。

二、汪應辰（1119—1176）

汪應辰，初名洋，字聖錫，信州玉山人。紹興五年（1135）進士第一，初授鎮東軍僉判，後官至敷文閣學士。少從喻樗、張九成、呂本中、胡安國諸人遊。任秘書省正字時，因上書忤秦檜，貶通判建州。檜死後，始還朝，累官吏部尚書。其爲人剛方正直，史稱「直言無隱」，也因此得罪不少人。以端明殿學士出知平江府，連貶秩，遂致仕不起。淳熙三年（1176）卒，年五十八，諡文定，學者稱玉山先生。有《文定集》五十卷。

〔註85〕尤偉《遂初堂叢談》，頁 32～33。
〔註86〕同上，頁 39。

案：《宋史》曾記載：「袤少從喻樗、汪應辰遊。」故汪應辰應爲袤之師也。
應辰曾向上推薦尤袤，認爲袤爲不可多得之人才，希望聖上重用之。其〈薦
尤袤箚子〉曰：

> 臣竊以人才之難，自古所嘆。爲國家者所當博訪詳試，以見其可用
> 之實，則天下無遺才，而人皆得効其所長，以協濟天下之務矣。伏
> 見左從事郎江陰軍軍教授尤袤，學問該洽，富於文詞，議論詳明，
> 通於事務。隨牒州縣，久安下僚，臣比者誤蒙恩，隨法當舉，輒以
> 其姓名仰塞詔旨。又前此，蔣芾、陳之茂、胡沂皆嘗舉袤自代，蓋
> 公論所與，非獨臣知之也。而袤貌既不揚，性復靜退，故久之謂爲
> 時用。臣謂貌非所以取人，而靜退之士尤當講進，區區報恩之誠，
> 不能自已，伏望聖慈特賜詳察取進止。〔註87〕

據此可知，汪應辰對尤袤十分賞識。此外兩人書信往來多有理學之討論，也
影響袤後來在答辯攻擊道學，其言多切中要點。如〈答尤延之〉一文云：

> 蒙諭劉陳二公，此皆一時宗師，尤難措詞。頃問呂居仁丈《神宗實
> 錄》、〈張天祺〉、〈張橫渠傳〉，殆非尋常文士所能作。呂丈云此兩傳
> 皆是范純甫自做，他人豈易及此。〈天祺傳〉言新法之害當與王安石
> 分受其過，橫渠言乃考索所至，非默識心通，今此二公恐亦類此，
> 輒以所聞漫錄呈上，舊見范忠宣、王正仲、曾子開皆云元祐間有朋
> 黨之論，忠宣辨尤力，錄歐陽公〈朋黨論〉以進，忠宣奏議言行錄
> 皆可考，然竟不知何人黨論，其論指何事也，後得一書曰：「元祐秘
> 疏者有劉器之一章，分王安石、呂惠卿、蔡確之黨，各具姓名於其
> 下。」方之忠宣所爭者此也。器之《讜言集》亦不載此章，元祐秘
> 疏李仁甫曾借去、錄本留史院，恐須載併及忠宣所論於傳末，瑩中
> 再作《四明尊堯集》，爲悔過之書，以寄器之，器之答云：「神宗未
> 嘗師安石，安石豈足爲聖人，昔既稱道如此，今乃置之僭逆悖亂之
> 域，是非去取有非鄙拙所能曉者，然事君行已苟亦無憾，而今而後
> 可以已矣。」事君行已等，蓋亦察其心也。又有書與楊中立，以爲
> 不辭一身之有過，願成來者之無過，楊答以賢知過之，則道不明不
> 行，安能來者之無過乎？因及禹稷顏回事，或出或處，皆當其可耳，

〔註87〕（宋）汪應辰《文定集》卷六（台北：商務印書館《景印文淵閣四庫全書》
　　　　本，1986 年），頁 1138－630。

瑩中齒長而答書以先生稱揚之，復以書辭避，瑩中云：「先生指縷閒
以救其惑，謂縷冠閉戶，龜山及了翁集其書具載可考也，此兩段合
載於瑩中傳末，視黯無怍，欲改作於黯無怍，道固如是不由外鑠，
其下添兩句雲視彼汲直，如玉而琢。」〔註88〕

三、陸游（1125－1210）

陸游，字務觀，越州山陰人，以蔭補登仕郎。陸游的高祖是宋仁宗時太傅
軫，祖父陸佃，父親陸宰。　當時正值宋朝腐敗不堪，遭金國（女眞族）進犯的
年代。出生次年，金兵攻陷北宋首都汴京，他於襁褓中即隨家人顛沛流離，因
受社會及家庭環境影響，自幼即立志殺胡（金兵）救國。陸游「年十二能詩文」，
學劍，並鑽研兵書。二十九歲赴臨安省試，名列第一。次年參加禮部考試，因
反對秦檜主和，爲秦檜所黜。檜死，出任福州寧德縣主簿。孝宗繼位，賜進士
出身。後因力勸張浚北伐，與部下將領不和，再加上主和派陷害，陸游亦被冠
上「交結臺諫，鼓唱是非，誘說張浚用兵」之罪名而遭免職。乾道六年（1170），
起通判夔州。淳熙二年（1175），范成大邀陸游入幕僚，爲成都路安撫司參議官。
陸與范乃爲好友，因皆不拘官場禮數，常有較放縱輕佻的行爲，引起同僚譏諷
爲頹廢，於是陸游索性自號「放翁」。之後歷經多次升降官職，在光宗紹熙元年
（1190）後，長期蟄伏在山陰老家農村，然期間仍多次向朝廷提出抗敵作戰的
主張，但始終遭受非議。最後於嘉定二年（1209）十二月二十九日辭世，享年
八十六歲。著有《劍南詩稿》、《入蜀記》、《南唐書》、《天彭牡丹譜》、《老學菴
筆記》、《家世舊聞》、《渭南文集》、《放翁詞》〔註89〕。
案：　陸游與尤袤來往最早的記載於淳熙十三年（1186）春，楊萬里、沈虞卿、
尤延之、莫仲謙招陸游、沈子壽小集張氏北園賞海棠，陸游持酒酹花，楊萬
里走筆賦詩，這是四大家中尤袤、楊萬里、陸游三人首次同遊。淳熙十六年
（1189），尤袤與孝宗論人才，得孝宗賞賜，欲詔爲直學士院，袤力辭，薦陸
游代之，上不許。同年六月袤罷權禮部侍郎，奉祠歸里，陸游爲贈以〈遂初
堂詩〉，云「舍之出遊功豈誤？律法諸言已非故；請將勳業復諸郎，身踐當年
遂初賦。」陸游也曾經到訪尤袤家中，他曾這樣形容尤袤的遂初堂：「異書名
刻堆滿屋，欠伸欲起遭書圍」，由此可知尤袤藏書之豐。紹熙二年冬（1191），

〔註88〕　同上，頁 1138－730。
〔註89〕　（清）紀昀等纂，《四庫全書》史部 45、〈正史類〉卷 395，〈陸放翁年譜〉（台
　　　　　北：商務印書館《景印文淵閣四庫全書》本，1986 年）頁 287－413、287－416。

尤袤寄《遂暇集》刻本與陸游，陸游有〈跋遂暇集〉一文。袤死後，游有哀辭悼之。《渭南文集》卷四十一〈尤延之尚書哀辭〉：

> 帝藝祖之初造兮，紀號建隆。煥乎文章兮，蹕揖遜之，逡跡詔冊施於朝廷兮，萬里雷風。灝灝灑灑兮，始掃五季之雕蟲。閱世三傳兮，車書大同。黃麾繡仗兮，駕言東封。繼七十二後於邃古兮，勒崇垂鴻。吾宋之文抗漢唐而出其上兮，震耀無窮。柳張穆尹歐王曾蘇明世而間出兮，巍如華嵩。雖宣和之蠱弊與建炎之軍戎。文不少衰兮殷殷霆霆。太平之象兮，與六龍而俱東。余自梁益歸吳兮，愴故人之莫逢。後生成市兮，摘裂剽掠以為工。遇尤公於都城兮，文氣如虹。落筆縱橫兮，獨殿諸公。晚乃契遇兮，北扉南宮。塗改雅頌兮，蹈躪軻雄。餘久擯於世俗兮，公顧一見而改容。相期江湖兮，鬥粟共舂。別五歲兮，晦顯靡同。書一再兮，奄其告終。於戲哀哉，孰抗衣而復公兮，乎伯延甫於長空。孰誦些以招公兮，使之捨四方而歸徠乎郢中。孰酖荒兮，露草霜蓬。孰閫盧堂兮，寒燈夜螢。文辭益衰兮，奇服龍茸。天不憖遺兮，繡黻火龍。峇局淺之一律兮，比寧辨夫瓦釜黃鐘。話言莫聽兮，孰知我衷。患難方殷兮，孰恤我躬。烝蒿不返兮，吾黨孰宗。死而有之兮，惟公之從。〔註90〕

由此祭文約略可知尤、陸之間情感深厚，雖然因為彼此間距離的關係，較少有互動，但卻情感真誠，這也難怪袤卒後多年，陸游仍多次夢見與范致能、李知幾、尤延之等人出遊的情景。

四、周必大（1126－1204）

周必大，字子充，一字洪道，吉州廬陵（今江西吉安）人，紹興二十年（1150）進士，累遷監察御史，孝宗即位，除起居郎兼權中樞舍人，繳駁不避權幸。淳熙七年（1180），除參知政事，十二年（1185），拜樞密使，整肅軍政。十四年（1187），拜右丞相。十六年，遷左丞相，封許國公，光宗即位，拜少保，封益國公。諫官何澹忌劾之，詔之以觀文殿大學士判潭州。寧宗時，以少傅致仕。卒，贈太師，諡文公。

案：乾道七年（1171）五月，周必大命尤袤編次祕府書目，周必大有〈乞取

〔註90〕　（宋）陸游《渭南文集》卷41（台北：台灣商務印書館《四部叢刊》本，1965年），頁365。

唐仲友尤袤書目箚子〉云：

> 臣聞周以外史達，書名於四方，劉歆總羣書爲《七略》，使其部居指意晦而不章，則後世何觀焉？本朝仁宗時，嘗命儒生考訂，中秘書區分類別，本原終始，爲《崇文總目》，今篇軼雖不盡見，而學士大夫尚知其名數者，此書力也。自紹興以來藏書之策，置校讎之官闕，書脫簡浸充秘府而未嘗編次，算無統紀，臣作秘書少監曰：「嘗屬正字唐仲友丞、尤袤江四庫典籍仿崇文舊目而爲一書。」後來聞以就緒，今二人接守近郡，不難繕寫，欲望聖慈下臣此章，許以其書來上，然後付之館閣臣重加考定，錫以嘉名斯中興之盛典也，取進止。〔註91〕

乾道八年十二月，有信與周必大，必大復曰：「大著名譽日起，新春當右遷，此縉紳所共期，非私禱也。」〔註92〕淳熙三年（1176）十二月，周必大荐尤袤任監司有〈荐監司郡守狀〉云：

> 右臣扶睹朝奉郎、知台州尤袤豈弟廉勤、處事精審……既補舊欠，郡計亦裕，督察屬吏，各舉其職。使備監司之選，必能澄清所部，上副臨遣。〔註93〕

之後周必大罷相，判潭州。尤袤因得罪姜特立，被讒言爲周必大黨。袤奉祠歸里後，因兩人同爲金石愛好者，故常有往來。袤卒後，周必大有〈祭尤延之尚書文〉，文中提及兩人友誼云：「相知以心，何況于我。寓詞千里，袤淚頻墮。」〔註94〕由此可知兩人感情之深厚，若非眞正相知之友，不會有此嘆息之語。

五、楊萬里（1127－1206）

楊萬里，字廷秀，號誠齋，吉州吉水（今屬江西）人。高宗紹興二十四年（1154）進士。曾任太常博士、廣東提點刑獄、尚書左司郎中兼太子侍讀、秘書監等。主張抗金，正直敢言。寧宗時因韓侂冑等人專權，辭官居家，憂憤而死，年八十，贈光祿大夫，諡文節。光宗嘗書誠齋二字，學者稱爲「誠

〔註91〕 （宋）周必大《文忠集》卷139（台北：商務印書館《景印文淵閣四庫全書》本，1986年），頁1148－537。

〔註92〕 同上，卷189，〈尤延之侍郎袤〉，頁1148－539。

〔註93〕 同上，卷139，頁1148－539。

〔註94〕 張艮撰〈尤袤交友考略〉，《東山師範學院學報》第23卷、第9期（浙江省：教育廳，2009年9月），頁24。

齋先生」。詩與尤袤、范成大、陸游齊名，稱南宋四家。構思新巧，語言通俗明暢，自成一家，時稱『誠齋體』。著有《誠齋集》、《誠齋易傳》、《詩話》。

案：南宋中興詩人四大家中，尤袤與楊萬里的感情最好，兩人詩、信來往最爲頻繁。乾道七年（1171）五月，尤袤和楊萬里首度相交，楊萬里在〈益齋藏書目序〉中回憶兩人始交往的情況曰：「一日除書下，遷大宗正丞尤公延之爲秘書丞。吾友張欽夫悦是除也，曰：『此眞祕書矣。』予自是知延之之賢，始願交焉。」〔註95〕當時楊萬里任臨安國子監博士，尤袤亦於杭州任職，故得以相識。淳熙四年（1177）夏，楊萬里之毗陵，同年十二月尤袤除淮南東路提舉常平茶鹽〔註96〕，持節歸無錫，訪萬里，並要求爲其書目《益齋藏書目》作序。序中提到兩人談論隱居何爲，袤回答：「吾所抄書，今若干卷，將匯而目之。饑讀之以當肉，寒讀之以當裘，孤寂而讀之以當友朋，幽憤而讀之以當金石琴瑟也。」〔註97〕此後兩人書信往來頻繁。淳熙五年（1178）秋，尤袤遊張公祠，有〈遊張公祠並序〉寄楊萬里，文中有「余遊山川多矣，茲遊最可紀。因成五百字，貽我同志，以備他日覽焉。」〔註98〕萬里亦有〈謝尤延之提舉郎中自山間惠訪長句〉。淳熙六年（1179）三月，楊萬里移官廣東常平，尤袤有〈送提舉楊大監解組西歸〉，文中云：「從此相思隔煙水，夢魂飛不到螺山。」〔註99〕淳熙十一年（1184）冬，尤袤任樞密院檢詳文字兼國史院編修官，有詩與楊萬里，萬里有〈追和尤延之檢詳紫宸殿賀雪〉〔註100〕。淳熙十二年二月（1185），楊萬里有〈二月望月遞宿南宮和遊言之右司郎署疏竹之韻〉〔註101〕，詩中回憶兩人乾道七年之事。同年九月，有〈新涼五言呈尤延之〉、〈尤延之和予新涼五言未章有早歸山林之句復和謝焉〉、〈九日即事呈尤延之〉諸詩。

　　〈新涼五言呈尤延之〉

　　　　暑極無可增，夏餘亦復幾，幽人暍欲臘，日日望秋至，秋至涼不隨，
　　　　夏去熱未已，一夕睡美餘，秋從簟波起，新涼來何方，灑若清到髓，
　　　　夕前輕雨作，雨後微風駛，涼偶與之偕，未必涼因此，向來亦風雨，

〔註95〕　（宋）楊萬里《誠齋集》卷七十九，頁657。
〔註96〕　吳洪澤〈尤袤年譜〉《宋代文化研究》第三輯（成都：四川大學出版社，1993年），頁308－335。
〔註97〕　（宋）楊萬里《誠齋集》卷七十九，頁657。
〔註98〕　見《梁谿遺稿》卷一，頁1148－515。
〔註99〕　同上，頁1148－514。
〔註100〕（宋）楊萬里撰《誠齋集》卷十九，頁175。
〔註101〕同上。

既止暑更倍，但令暑爲涼，老病有生意，何必問所來，亦莫悲徂歲。〔註102〕

〈尤延之和予新涼五言末章有早歸山林之句復和謝焉〉

投分詎云稀，會心諒無幾，從君淡何奇，與我凜獨至，相逢情若忘，每別懷不已，偶因新涼篇，令予儒全起，藉草分芳潤，陟巘共石髓，松陰俯逝波，不徐亦不駛，平生還山約，終食無忘此，可憐各異縣，千里復三倍，他日寄相思，百書那寫意，從今可疏卻，嘆日以爲歲。〔註103〕

〈九日即事呈尤延之〉〔註104〕

昨日茉莫未吐香，今朝籬菊頓然黃，浮英泛蕊多多著，舊酒新醅細細嘗，節裡且追千載事，鬢邊管得幾莖霜，正冠落帽都兒態，自笑狂夫老不狂。

楊萬里、尤袤與葛楚輔、余處恭等人泛舟西湖〔註105〕。 淳熙十三年（1186），楊萬里與沈虞卿、尤延之、莫仲謙等招陸游、沈子壽等人賞海棠（此事詳見〈陸游〉）。同年，楊萬里與袤之間詩歌唱和更多，有〈題尤延之之遂初堂〉〔註106〕、〈跋尤延之左司所藏光堯御書歌〉、〈尤延之檢正直廬窗前紅木犀一小株盛開戲呈尤延之〉、〈跋尤延之山水兩軸〉等文如下。

〈跋尤延之左司所藏光堯御書歌〉〔註107〕

鷺臺長史老野僧，月前病鶴雙後蠅，文書海裡滾不了，黑花亂發雙眼睛，故人同舍尤太史，敲門未揖心先喜，袖中傾下十斛珠，五色光芒射窗几，自言天風來帝旁，拾得復古殿中雲一張，向來太上坐朝罷，勝日光風花柳暇，浣花叢裡冰雪容，宣城雞距針芒鋒，天顏有喜聊小試，西京書目供遊戲，韓彭衛霍欣掛名，舒向卿雲感書字，漢廷多少失意人，九京寸恨不作塵，一朝翻入聖筆底，昭回之光煥渠起，小臣濫巾縫掖行，手抄孝經不徹章，何曾下筆寫史漢，再拜恭覽江透裳，太史結廡伴鷗鷺，錫

〔註102〕同上，頁 178。
〔註103〕同上，頁 179。
〔註104〕同上。
〔註105〕同上，〈給事葛楚輔侍郎余楚恭二詹事招儲禁同僚沈虞卿秘監諭德尤延之右司侍講何自然少監羅春伯大著二宮教及予泛舟西湖步登狐山五言〉，頁 180。
〔註106〕同上，卷 20，頁 190。
〔註107〕同上，頁 191。

山山下荊溪渡，紅光紫氣燭天衢，箇是深藏寶書處。

〈尤延之檢正直廬窗前紅木犀一小株盛開戲呈尤延之〉〔註108〕

水沈國裡御風歸，粟玉肌膚不肯肥，原是金華學仙子，新將柿葉染
秋衣，不應妝束追時好，無乃清癯悔昨非，為妬尤郎得尤物，故將
七字惱芳菲。

〈跋尤延之山水兩軸〉〔註109〕

水際蘆青荷葉黃，霜前木落琴花香，漁舟去盡天將夕，雪色飛來鷺
一行，水漱瓊沙冰已漸，野疍半起半猶遲，千竿修竹一江碧，只欠
梅花三兩枝。

十四年（1187）五月，楊萬里同尤袤京仲遠玉壺餞客〔註110〕；九月十日兩人觀
靜慈新殿〔註111〕，又同遊靈芝寺，均有詩紀事。兩人從淳熙十二年後一直有詩
歌往來，且詩中多有戲謔之語，可見兩人感情之深厚。淳熙十六年尤袤奉祠歸
里，楊萬里在詩中首度以「尤楊」詩名並稱。紹熙五年（1199）夏，尤袤卒，
萬里有祭文，但《誠齋集》未見其文，羅大經《鶴林玉露》卷六曾言到：

延之先卒，誠齋祭文云：「齊歌楚些，萬象為挫。瓌偉詭譎；我唱公
和。放浪諧謔，上有方朔。巧發捷出，公嘲我酢。」〔註112〕

文中不難發現尤袤、楊萬里之間情感深厚，若說楊萬里是尤袤的摯友，實在
不為過〔註113〕。

六、朱熹（1130－1200）

朱熹，小名沈郎，小字季延，字元晦，一字仲晦，晚稱晦翁。原籍徽州
婺源縣（今中國江西婺源縣），宋建炎四年（1130）九月十五日午時誕生於福
建尤溪鄭氏卓堂。十八歲舉建州鄉貢，十九歲登王佑榜進士，二十二歲授左
迪功郎，初任泉州同安縣主簿。為官四十八年中，先後任地方官九年，到朝

〔註108〕同上，頁192。

〔註109〕同上，頁199。

〔註110〕同上，〈同尤延之京仲遠玉壺餞客〉，頁210。

〔註111〕同上，卷23，〈九月十日同尤延之觀靜慈新殿〉、〈劉寺展繡亭上與尤延之久
待京仲遠不至再相待於靈芝寺〉，頁216。

〔註112〕（宋）羅大經《鶴林玉露》卷六（台北市：商務印書館《四部叢刊》本，1965
年），頁9～10。

〔註113〕陳義成〈南宋四大家間交游考〉，《逢甲大學社會學報》第六期（台中：逢甲
大學人文社會學院，2003年5月），頁65－84。

廷任侍講官四十天，官至直寶文閣侍制，後封婺源開國男，食邑三百戶，兼秘閣修撰等職。慶元六年（1200）三月初九午時病逝於建陽考亭之滄州精舍，壽七十一歲。嘉定二年賜諡曰"文"（稱文公），累贈太師，追封信國公，後改徽國公，從祀孔子廟。著有《易本啓蒙》、《大學中庸章句或問》、《論語孟子集註》、《詩集傳》、《河南程氏遺書》、《晦庵集》等書。

案：朱熹與尤袤是同爲紹興十八年進士，《萬柳溪邊舊話》云：「文簡公與朱文公同榜，俱有文名。」孝宗淳熙五至八年（1178～1181）間，尤袤官江東提舉，朱熹官知南康軍，兩人有書信往來，於公有〈與江東尤提舉劄子〉說明撥定米數以解決糧食不足的問題。於私方面則有〈答尤延之書〉，冀希尤袤諸賢協贊明主，進賢退姦，大開公正之路，使宗社尊安，生靈有庇。其內容充分表達出對尤袤寄望甚高。淳熙八年（1181）三月，朱熹由南康軍除江西提舉，尤袤有〈送朱晦庵南歸〉〔註114〕一詩，詩云：

> 二年摩手撫瘡痍，思與廬山五老齊。合待玉皇香案側，卻持華節大江西。鼎新白鹿諸生學，築就長虹萬丈隄。待哺飢民偏戀德，老翁猶作小兒啼。

朱熹與尤袤是後還有許多文章往來，在《朱子集》中有「答尤延之」等文章十三篇，詩十五首，內容多半是反映朱熹惺惺相惜之情。而尤袤在梁溪河畔的「樂溪居」中築有「來朱亭」，相傳爲尤、朱兩人論道講文之所，可見兩人情感之深厚。

七、呂祖謙（1137—1181）

呂祖謙，字伯恭，婺州（金華）人，因呂姓郡望東萊，世稱東萊先生。南宋哲學家、教育家。呂祖謙自幼隨父在福建任所，師從林之奇。至臨安，師從汪應辰和胡憲。呂祖謙以祖致仕恩，補爲將仕郎，紹興二十七年（1157），改爲迪功郎。孝宗隆興元年（1163）四月，中博學鴻詞科，特授左從政郎。乾道二年（1166）十一月，其母逝，歸葬婺州。乾道六年（1170），任太學博士，兼國史院編修官、實錄院檢討官。乾道八年（1172）二月，其父去世，久居明招山守墓服喪。淳熙三年（1176），因李燾推薦，升任秘書省秘書郎。呂祖謙與朱熹、張栻過從甚密，時稱「東南三賢」。淳熙八年（1181）七月二十九日病故。年四十五歲，諡曰『成』。著有《古周易》、《易說》、《書說》、《春秋左

〔註114〕　（宋）尤袤《梁谿遺稿》卷一，頁 1149－514。

氏傳說》、《東萊左氏博議》、《大事記》、《歷代制度詳說》、《呂氏家塾讀詩記》、
《少儀外傳》、《東萊太史集》等書。

案：呂祖謙和尤袤的關係僅見於尤袤著的〈呂世家塾讀詩記序〉，袤稱讚呂祖
謙博觀六經，並傳揚聖學，功不可沒。兩人也曾同擔任國史編修官〔註 115〕，
乾道八年（1172）同為考試官，且兩人師從汪應辰，雖未見有詩文唱和，但也
可推知兩人應有往來，且關係密切。

八、陳傅良（1137－1203）

陳傅良，字君舉，號止齋，溫州瑞安人。乾道八年（1172）登進士甲科，
累遷起居舍人，當時光宗以疾不朝重華宮，傅良抗疏忠懇，至引帝裾。寧宗
即位，召為中書舍人，兼侍讀，直學院士。嘉泰三年（1203）卒，年六十七
歲，諡文節。有《詩解詁》、《周禮說》、《春秋後傳》、《左氏章旨》、《歷代兵
制》、《止齋文集》等。

案：陳傅良曾為尤袤弟子，但未能卒業。袤卒後，陳傅良有輓詞四首悼之：

〈挽尤延之尚書〉〔註 116〕：

（一）

自為師說竟誰宗，每事持平屬此翁。有志政須名節是，斯文非獨語
言工。

要令舉世人材出，合在前朝行輩中。安得長年留把柁，後來各與一
帆風。

（二）

宿留江湖長子孫，行藏節節耐人看。及為侍從身垂老，欲試平生事
轉難。

書就僅題前太史，功成方記舊甘盤。令人長恨經綸意，歷事三朝見
一斑。

（三）

向來諸老獨歸然，羸不勝衣萬事便。燈下細書批敕字，雪邊先著趁
朝鞭。

豈應無故令身健，卻止功名與世傳。遺奏定留封禪稿，憑誰吹送九
重天。

〔註 115〕　（宋）陳騤《南宋館閣錄續錄》卷八〈官聯〉下，頁 133。
〔註 116〕　（宋）陳傅良《止齋先生集》卷九，頁 61－62。

（四）

壯歲從游兩鬢霜，重來函丈各堪傷。那知卒業今無及，極悔論心昨未嘗。

相約歸期須次第，獨存病骨更淒涼。他年賴有門生記，託在碑陰永不忘。

九、趙汝愚（1140－1196）

趙汝愚，北宋恭憲王趙元佐的七世孫，字子直。原籍饒州餘幹，祖父於南宋建炎年間遷居崇德州錢（今桐鄉市州泉鎮）。趙汝愚出生於洲錢。宋孝宗乾道二年（1166），考中狀元，累官秘書少監兼權給事中。淳熙八年（1181），任吏部侍郎兼太子右庶子。九年（1182），以集英殿修撰出任福建軍帥。後進直學士，制置四川，兼成都知府，平息羌族對南宋邊境的騷擾。宋孝宗贊其有文武之才。宋光宗即位後，進敷文閣學士，知福州。紹熙二年（1191），召爲吏部尚書，後升知樞密院事。紹熙五年（1194年），與韓侂冑一起擁立嘉王趙擴即位爲寧宗，有功，任右丞相。但不久被韓侂冑排斥，韓侂冑借口趙汝愚以同姓居相位，將不利於南宋社稷。于是趙汝愚被罷，以觀文殿大學士出知福州，後又謫爲寧遠軍節度副使。慶元二年（1196）正月，趙汝愚至衡州，泊古酈，一夕發病暴卒，終年五十七歲，諡忠定。

案：趙汝愚和尤袤在淳熙二年（1175）因職務交接上早有接觸，時趙汝愚原知台州，十月轉任江西路轉運判官，同知台州就是尤袤。尤袤接任台州後，蕭規曹隨，繼續趙汝愚未完成的工程。淳熙十三年（1186）暮春，汝愚進直學士制置四川兼成都府，尤袤有詩〈送趙子直帥蜀得須字二首〉〔註117〕贈之：

（一）

射策當年首漢儒，去登雲路只斯須。飽聞治最誇閩郡，已有先聲到益郡。壯略定羌元自許，宗英帥蜀舊來無。前驅叱馭休辭遠，看取東歸上政途。

（二）

帝念西南在一隅，簡求才德應時須。羌夷種落誇威令，秦隴關河聽指呼，自古功名多少壯，及今談笑定規模。玉山舊政人誰記，應掃棠陰看畫圖。

〔註117〕 （宋）尤袤《梁谿遺稿》卷一，頁 1149－515。

之後兩人曾先後知太平州。紹熙三年（1197），光宗因疾不朝重華宮，袤與汝愚先後上書，光宗因此朝重華宮。

十、袁說友（1140－1204）

袁說友，字起巖，建安人，寓居湖州，二十四歲登隆興元年進士，調建康府溧陽縣主簿。淳熙四年（1177）官祕書丞兼權左司郎官，後任浙西西安府司參議、知池州、侍左郎中加直顯謨閣知福安府、太府少卿權戶部侍郎等職，慶元三年（1197）以提舉陵安府洞霄宮加太學士致仕。隔年卒於湖州，年六十五，著有《擇善易解》、《東塘集》。

案：尤、袁兩人最早有互動的記載乃淳熙六年（1179）。時袁說友為池州太守，尤袤為池州倉使。尤袤在當地昭明太子廟中發現《昭明文選》，但無刻本，提議重刻，得袁說友的贊助，在淳熙八年（1181）印成。袤卒後，說友曾親自弔唁，祭文中有言道：「聞公易簀，我嘗視之，及公蓋棺，我時撫之。」〔註118〕民間習俗中，喪禮是較好的親友才會參加，若只是泛泛之交，通常以輓聯弔唁，袁說友親自送尤袤出殯，足以見其友情深厚。

十一、陳亮（1143－1194）

陳亮，永康（今浙江金華永康市）人，字同甫，號龍川先生，南宋政治家、哲學家、詞人。光宗朝策進士，生在民族意識高漲的南宋時代，極富愛國精神，是一位愛國詩人，與同為愛國詩人的辛棄疾交好。他在哲學上主張經世致用，曾與朱熹展開激烈的論戰。陳亮詞作以豪邁雄健為主，與辛棄疾志氣相投，在文學上也相互唱和。可惜一生仕途坎坷，五十多歲狀元及第，未及任官，隔年病逝，年五十二。著有《三國紀年》、《歐陽文粹》、《龍川文集》等。

案：尤袤與陳亮僅見於陳亮在淳熙十五年〈與尤延之侍郎〉一文，文中說到：「懷迎道誼，夢寐以之。侍郎又復兼領劇曹，上所委屬，眷意日隆。東西二府，非公莫宜也。鈍滯無用之人，惟當拭目以觀天下太平耳！」由短短數句中，不難見到兩人友情之深厚，此外朱熹曾擔心陳亮直言惹事，給尤袤信中提及，請袤勸戒以避後患。

十二、姜夔（1155－1221）

姜夔，字堯章，鄱陽人，自號白石道人。紹興三十年進士，以新喻丞知

〔註118〕　（宋）袁說友〈祭尤尚書文〉，《東塘集》卷16（台北：商務印書館《景印文淵閣四庫全書》本，1986 年），頁 1154－344。

漢陽縣，卒於官。號白石道人。精通音樂，會作詩填詞，有自度 17 曲傳世。
其詞對於南宋後期詞壇的格律化有巨大影響。卒於寧宗慶元三年（1197）。

案：姜夔曾在淳熙十六年（1189）秋親至無錫謁見尤袤，當時尤袤因被指爲周
必大黨而返無錫老家。姜夔向尤袤請教詩學，並討論當時的詩派。尤袤問他：
「作詩學何派？」夔答：「三薰三沐師黃太史氏（黃庭堅）。居數年，一語禁
不敢吐，始悟學即病，願不若無所學之爲得。雖黃詩亦偃然高閣矣。」〔註119〕
而在評論蕭、楊、范、陸四家詩，則認爲：「皆是自出機軸，當有可觀者，又
奚以江西爲？」從中除可以見到尤袤對當時詩人的評價，也可知道對江西詩
派的微詞的批評。

十三、陳振孫（1179－1262）

陳振孫，字伯玉，號直齋，浙江湖州人，嘉定十二年（1219），爲浙江鄞
縣縣學，官溧水教授，寶慶二年（1226）任興化軍（今福建莆田）通判，端
平三年（1236）以朝散大夫知台州兼浙東提舉。嘉熙三年（1239）調任浙西
提舉。淳祐四年（1244）入京爲國子監司業。大約淳祐九年（1249）以寶章
閣待制致仕。卒諡光祿大夫。著有《直齋書錄解題》二十二卷，爲著名南宋
目錄學家。

案：尤袤與陳振孫兩人同爲目錄學家。在陳振孫的《直齋書錄解題》中不難
發現許多尤袤的相關著作，例如：

《目錄類》著錄：

    《遂初堂書目》一卷，錫山尤氏尚書袤延之，淳熙名臣，藏書至多，

    法書尤富，嘗燼於火，今其存無幾矣。〔註120〕

《地理類》著錄：

    《山海經》十八卷，漢侍中奉車都尉臣秀所校秘書。秀，即劉歆也。

    晉·郭璞注。案：《唐志》二十三卷，《音》二卷。今本錫山尤袤延

    之校定。〔註121〕

《別集類》著錄：

    《梁谿集》五十卷，禮部尚書錫山尤袤延之撰。家有遂初堂，藏書

〔註119〕尤偉《遂初堂叢談》，頁 178。

〔註120〕（宋）陳振孫《直齋書錄解題》卷 8（上海：上海古籍出版社，1978 年 11
      月第一版），頁 235～236。

〔註121〕同上，頁 237。

爲近世冠。〔註122〕

研究陳振孫《直齋書目解題》的何廣棪教授綜合以上幾點，提出尤袤與陳振孫年紀雖相差近半世紀，在弱冠之時或曾親炙尤袤〔註123〕。由此可知陳振孫在著錄《直齋書目題解》時受尤袤的影響非淺。

第三節　著　述

尤袤博學通識，時人有『尤書櫥』之稱，然其藏書更爲當時之最，惜寶慶元年（1225）的一場大火，將其畢生藏書與著作付諸一炬，因此後世無以見其藏書盛景，更無從得知其所有著作。南宋四大家中，楊萬里、范成大、陸游三人皆有詩文集傳世，獨袤多散佚。《宋史》本傳記尤袤著有《遂初小稿》六十卷、《內外制》三十卷，數量也不少，可惜今日所見除《遂初堂書目》外，僅剩後代子孫尤侗編成的《梁谿遺稿》，然多殘缺不全。整理其撰述有：

一、現存者：《遂初堂書目》一卷、《文選考異》一卷、《梁谿遺稿》一卷。

二、有載其書名而書卻亡佚者：《遂初小稿》六十卷、《內外制》三十卷、《梁溪集》五十卷、《周禮辨義》、《老子音訓》。

三、舊題尤袤所撰而實爲僞託：《全唐詩話》六卷。

《文選考異》所探討的部分較多，另外於本章第四節探討，而《遂初堂書目》一書爲本論文研究主要項目，特以第四、五章詳述之，在此不贅述，茲僅對《梁溪集》、《全唐詩話》和《梁谿遺稿》略作論述：

一、《梁溪集》

《梁溪集》又名《樂溪集》。《樂溪集》大多爲尤袤早年的作品，但與尤袤友好的時人中，並無閱讀尤袤文集的記載，因此懷疑《梁溪集》爲抄本，且於元朝時已失傳。四川大學吳洪澤先生在《尤袤著述考辨》〔註124〕一文中提到以下幾點：

一、魏了翁〔註125〕〈名山張監茶伯酉書〉云：

〔註122〕同上，卷18，頁543。
〔註123〕何廣棪〈撰述尤袤與陳振孫一段學術情緣〉，《遂初堂叢談》，頁126～127。
〔註124〕吳洪澤〈尤袤著述考辨〉，《川大史學‧歷史文獻學卷》（成都市：四川大學出版社，2006年）頁46－469。
〔註125〕魏了翁（1178年－1237年），字華父，號鶴山，邛州蒲江（今屬四川）人。

來教所謂趙子直、丘宗卿、尤延之、梁淑子、木允之之類，雖皆可
錄，然論其世則太近，未有家集之類行於世。〔註126〕

二、方回〔註127〕〈跋遂初游先生尚書詩〉云：

尤、楊、范、陸特擅名天下，三家全集板行，遂初先生尚書文簡公
闕后□□□獨未暇及此。歲在甲戌，公之曾孫、尚書都官之孫、滁
陽使君之子爲古歙通守，博雅好古，喜飛白行草八分書，詩有家法，
以回嘗益斯文，慨然有感，先以公詩二十卷鋟諸梓，命回是以正訛
誤。〔註128〕

三、方回在《瀛奎律髓》卷二十〈落梅〉，於尤袤詩中載：

遂初詩，其孫新安半刺藁學刊行，而焚於兵。予得其家所抄副本，
頗有訛缺。〔註129〕

而方回所的《遂初詩》實爲二十卷本的抄本，並非《梁溪集》五十卷刻本。
然方回也沒有保存這二十本抄本。如果當時尤袤集尚流傳，方回也不會在《瀛
奎律髓》卷二○中感嘆：「未有別本可考。」且明《永樂大典》殘帙中亦無尤
袤的記載，成書於永樂年間的《詩淵》僅收羅陸游、楊萬里、范成大等宋人
的詩，獨對尤袤隻字未提，就以上數點，推論尤袤的詩、文集早在元明時已
亡佚，今所題的尤袤詩多以方回的《瀛奎律髓》爲準。而學者張艮提出不同
看法，認爲尤袤的《梁溪集》五十卷應有刻本，他舉出以下幾點：

一、方回在〈跋遂初尤先生尚書詩〉中云：「以回學請益斯文，慨然有感，
先以公詩二十卷鋟諸梓，命回是正訛誤。」推論方回在刊刻前，曾見到部分
尤袤的作品，由於只有五十卷，但較他人數量少，且刻版不全。〔註130〕

二、楊萬里在〈詩話〉中云：

南宋哲學家，蜀學集大成者。著有《鶴山大全文集》120 卷、《九經要義》263
卷。

〔註126〕（宋）魏了翁《鶴山先生大全文集》卷 33（台北市：商務印書館《四部叢刊》
正編，1979 年），頁 282。

〔註127〕方回（1227 年－1307 年），字萬里，一字淵甫，號虛谷，別號紫陽山人，歙
縣（今屬安徽）人。著有《桐江集》六十五卷，另有《瀛奎律髓》。

〔註128〕（元）方回《桐江集》卷三〈跋遂初尤先生尚書詩〉（台北：商務印書館《景
印文淵閣四庫全書》本，1986 年）。

〔註129〕（元）方回《瀛奎律髓》（台北：商務印書館《景印文淵閣四庫全書》本，1986
年），頁 1136－255。

〔註130〕張艮撰〈尤袤文集首刻時間考及其詩文辨僞輯佚〉，《古籍整理研究學刊》第
一期（長春市：東北師範大學古籍整理研究所，2008 年 1 月），頁 36－38。

> 自隆興以來，以詩名者，林謙之、范致能（范成大）、陸務觀（陸游）、
> 尤延之（尤袤）、蕭東夫（蕭德藻）進詩后，近有張鎡功父、趙蕃昌
> 父、劉翰武子、黃景說岩老、徐似道淵子、項安世平甫、鞏豐仲至、
> 姜夔堯章、徐賀恭仲、汪經仲叔，前五人皆有詩集傳世。〔註131〕

此句明顯指出林謙之、范成大、陸游、尤袤、蕭德藻五人皆有詩集傳世，而
尤袤的詩集非抄本，應是在生前刊刻的文集。〔註132〕

此外，尤袤文集的部分，張艮也舉證，尤袤文集在元代應該還是有流傳，元
人吳師道《吳禮部詩話》記載：

> 李伯時畫〈飛騎習射圖〉，其手帖云……尤延之、楊廷秀、樓大房皆
> 有題詩。朱文公跋云：「觀龍眠〈飛射圖〉，及讀延之、廷秀、大防
> 三君子佳句，因思法云秀公語，尤物移人，甚可畏也。」后人有古
> 體二首，其一云〈奉題太丞丈龍眠騎射圖〉，下有叔簡子，不著姓；
> 其一題嘉定庚午四月二十日章良能。叔簡詩云……叔簡必王叔簡
> 也……尤、楊、樓有集，詩不錄，王章二作皆佳，不以能詩名，故
> 表而出之。〔註133〕

吳師道在這裡確定尤袤有集，顯然當時尤袤文集早已流傳。方回的《瀛奎律
髓》中並未收錄尤袤題龍眠〈飛射圖〉之詩，也可知元代流傳得尤集所收之
詩不盡同於《瀛奎律髓》所錄。然吳師道所見的尤集似為陳振孫《直齋書錄
解題》卷十八記載的「《梁溪集》五十卷。」因此推論元代時尤袤文集尚留傳，
馬端臨《文獻通考》卷二百四十記載的「《梁溪集》五十卷。」可能不是據《直
齋書錄解題》著錄，而是親眼看過此書。到明代，焦竑《國史經籍志》卷五
云：「尤袤《梁溪集》五十卷。」且《永樂大典》中也有少數尤袤詩集流傳，
但與尤侗所輯《梁谿遺稿》所載詩文不盡相同。

案：《梁溪集》一書的記載最早出現在陳振孫《直齋書錄解題》、方回《瀛奎
律髓》及清光緒《無錫金匱縣志》。其後世子孫尤侗在《梁谿遺稿》中提到：
「吾祖文簡公有《梁溪集》、《遂初稿》二刻，庋置萬卷樓中，間厄于兵燹，
浸尋散失。」〔註134〕然遍尋相關資料中，《宋史》本傳無記載任何有關《梁溪

〔註131〕見楊萬里《誠齋集》卷114，頁936。
〔註132〕同註130。
〔註133〕同上，頁37－38。
〔註134〕（宋）尤袤《梁谿遺稿》，頁1149－510。

集》的文字，而僅有《遂初小稿》六十。後袤之孫尤藻曾遍尋史書，蒐集相
關詩集共二十卷，並請方回訂正訛誤，此二十卷有詩無文，書名當非《遂初
稿》或《梁溪集》，可能是《尤遂初詩集》，可惜此二十卷也毀於兵燹。這些
相關書目不是亡佚就是毀于兵燹中，僅能從殘存的相關記載中知道。清康熙
朱彝尊蒐集到的《梁溪集》殘稿，整理出詩詞四十七首、雜文二十六篇，定
成兩卷，交由尤袤後代子孫尤侗，尤侗在康熙三十九年（1700）委名工雕版，
名爲《梁谿遺稿》，並請朱彝尊作序。乾隆年間，朝廷編《四庫全書》時，也
收入兩本殘稿。嘉慶末，雕版均告散失，尤興于道光年間再刻。光緒二十三
年（1897），武進盛宣懷將它收入《常州先哲遺書》。據此推論，《梁溪集》部
分詩集可能也編入《梁谿遺稿》。尤袤的文集之文章，應也有收入《遺稿》中。
但是否如此，仍有待更新資料之釐清。

二、《全唐詩話》

《全唐詩話》，舊題尤袤所撰。〈全唐詩話序〉云：

> 余少有詩癖，歲在甲午，奉祠湖曲，日與四方勝游專意吟事，大概
> 與唐人詩誦之尤習，間又襄話錄之纂記，益朋友之見聞，彙而書之，
> 名曰《全唐詩話》。未幾，驅馳于外，此事便廢，迴來三十有八年
> 矣。今又蒙恩便養湖曲，因理故廢，復得慨然，恍如疇昔浩歌縱談
> 時也。唐自貞觀以來，雖尚有六朝聲病，而氣韻雄深，駁駁古意，
> 開元、元和之盛，遂可追配風雅。迨會昌而後，刻露華靡進矣。往
> 往觀世變者，於此有感焉，徒詩云乎哉！咸淳辛未重陽日遂初堂
> 書。〔註135〕

從詩話自序言「咸淳辛未」，可知自序當於宋度宗咸淳七年（1271）完成。因
未署名作者，後世依據文末「遂初堂書」，推論爲尤袤所作，然袤卒於宋光宗
紹熙四年（1193），〈詩話序〉成於咸淳七年（1271），兩者相距七十多年，絕
非尤袤所撰。〈全唐詩話提要〉中提出：

> 原本題宋尤袤撰，袤有《梁谿遺稿》已著錄。考袤爲紹興二十一年
> 進士，以光宗時卒，而自序年月乃題咸淳，時代殊不相及。校驗其
> 文，皆與計有功《唐詩紀事》相同。紀事之例凡詩爲唐人採入總集

〔註135〕舊題尤袤《全唐詩話》序。

　　者，皆云右某取爲某集。此本張籍調下尚未及刪此一句，則其爲後
　　人剩取影撰，更無疑義。考周密《齊東野語》載賈似道所著諸書，
　　此居其一。蓋似道假手廖瑩中，而瑩中又剽竊舊文塗飾塞責，後人
　　惡似道之姦，改題袤名，以便行世，遂致僞書之中又增一位撰人耳。
　　毛晉不爲考核，刻之《津逮秘書》中，疏亦甚矣。〔註136〕

胡玉縉在《四庫題要補正》中也提出相同的看法，皆認爲此詩是賈似道僞尤
袤之名傳世，非尤袤所撰。探討其眞正於原因，起於「遂初堂書」一句。遂
初堂爲尤袤藏書之所，非人名，會於尤袤之後在此撰書者，應爲尤袤之後，
最有可能的人應是尤焴。根據年表記載，南宋後其有兩個甲午，一個是孝宗
淳熙元年（1174），一個是禮宗端平元年（1234）。袤孫尤焴生於光宗紹興元年
（1190）。若是淳熙元年，焴尚未出生；端平元年，焴年四十五歲，據《咸淳
毗陵志》記載尤焴於端平初年知太平州，不赴，以內祠奉朝請，再依序言「未
幾，驅馳于外，此事便廢，邇來三十有八年矣……咸淳辛未。」由理宗端平
元年（1234），到度宗咸淳七年（1271），其間約莫三十八年，而焴卒於八十
五歲，剛好於《全唐詩話》完成之後。由這些時間點可確信《全唐詩話》實
爲尤焴所撰。尤焴的傳世作品不多見，在《錫山尤氏文存》中，僅見〈全唐
詩話自序〉和爲無錫狀元蔣重珍墓寫的〈宋部刑部侍郎蔣公壙墓志〉〔註137〕。

三、《梁谿遺稿》

　　《梁谿遺稿》爲袤後人尤侗所編。清朝因大行宋風，南宋四大家獨尤袤
無完集，然皆無結果。康熙三十九年（1900）得朱彝尊之助，將殘存詩文七
十三首定爲《梁谿遺稿》，尤侗在序中云：

　　勝國之末，錫山頤先輩有《宋文鑒》之選，遍覓文簡著作，了不可
　　得，僅傳其〈落梅詞〉一首而已。海內藏書縹緗不儲草莽，更可痛
　　也。今歲庚辰，秀水朱竹垞檢討偶過西堂，追話及此，自言家有載
　　籍，略見一斑，遂歸搜篋，衍得古今詩四十七首，雜文二十六首，
　　彙成二卷，手鈔示予，予捧持趯躍，如獲異寶，其拜賜我友多矣。
　　隨命梓人授之剞劂。〔註138〕

〔註136〕同上，卷10。
〔註137〕尤偉《遂初堂叢談》，頁136～137。
〔註138〕尤袤《梁谿遺稿》，頁1149－510。

此本據《瀛奎律髓》、《赤城志》等書輯錄，其中〈柱杖〉一首出自《瀛奎律髓》，《律髓》原題騰元秀作，應爲誤輯。二十六篇文中，〈獻皇太子書〉、〈論賀正使不當却疏〉輯自《建炎以來朝野雜記》。到清道光年間，尤興據康熙本重刻，其序稱：

> 吾祖文著《梁溪集》五十卷，遭兵火失傳，幸竹垞老人獨存百一，
> 從祖西堂先生網羅得之，欣然授梓。閱百餘年，後人罔知慎守，板
> 又散亡，可慨也。……爰極重鐫，以貽久遠。後人勿再失守墜緒，
> 余之愿也。道光元年辛巳之秋七月既望，二十三世孫興詩百拜謹跋，
> 時年六十又二。〔註139〕

並增補〈米敷文瀟湘圖〉二首、〈重登斗野亭詩〉兩首、〈米敷文瀟湘跋〉。至光緒年間，盛宣懷據此本收入《常州先哲遺書》，又增《補遺》一卷。其序稱：

> 道光辛巳，其廿三世孫興詩再刻之，而傳本亦罕見。今爲重梓，以
> 廣其傳。復搜得《三朝北盟會編》載〈淮民謠〉一首，《天台別編》
> 載詩十首、〈文選跋〉一首以益之。光緒丁酉清明節，武進盛宣懷跋。

〔註140〕

道光年間還有尤堃等在惠山宗祠刻本，補輯〈呂氏家塾詩記序〉、〈南康五賢祠記〉、〈定業院新鑄銅鐘記〉、〈祭李白文〉、〈輪藏記〉五篇文章，又補〈浮遠堂〉、〈送趙成都〉詩各兩首。其中〈送趙成都〉二首，據《文翰類選大成》補輯。而《瀛奎律髓》卷二四也載此二詩，題趙昌父作，尤堃失察，誤入《梁谿遺稿》中。民國二十四年，二十五世孫尤桐據上述各本校刊《梁谿遺稿》，分爲〈文鈔〉、〈外編〉、〈詩鈔〉、〈外編〉，收入《錫山尤氏叢刊》甲集，鉛排印行。此本收羅尤袤詩文最多，共有文四十七篇，詩六十二首，其中〈柱杖〉、〈送趙成都〉雖知爲誤收，仍未刪除，實際收尤袤詩五十九首。吳洪澤在〈尤袤著述考辨〉中提到，四川大學古籍所在編輯《全宋文》中，又輯得尤袤遺文十三篇，其中有：〈論救荒之政奏〉、〈乞俟喪畢再議升配奏〉、〈論官制奏〉、〈入對奏禮〉四篇，系輯自《宋史》本傳、《文獻通考》、《歷代名臣奏議》等書；〈荐蔡元定書〉輯自《蔡氏九儒書‧西山公集》；〈乞裁定將來明堂大禮所設神位奏〉、〈乞于後殿視事奏〉輯自《宋會要輯稿》與《中興禮書續編》；〈謝賜生日酒物表〉輯自《誠齋詩話》；〈歐陽文忠集古錄跋尾〉輯自《秘殿珠林

〔註139〕吳洪澤撰〈尤袤著述考辨〉，頁470。
〔註140〕同上。

石渠寶笈合編》；〈河南集跋〉輯自尹洙《河南集》；〈二賢堂記〉輯自《永樂大典》；〈吳公墓志〉輯自《象山年譜》；〈祭直閣大著郎中呂公文〉輯自《東萊呂太史文集》附錄。現存尤袤詩文〔註141〕各有六十首。尤袤詩文數量雖少，僅能由當時人物的記載或史料著作中窺見一二，雖數量少，但卻如鳳毛麟角，彌足珍貴，正如《四庫全書總目》云：「然即今所存諸詩觀之，殘章斷簡尚足與三家抗行，以少見珍，彌增寶惜，又烏可以殘膌棄歟？」〔註142〕

第四節　刻　書

　　《昭明文選》是昭明太子蕭統（501－531）所編輯的一部總集，在文學史上影響很大。唐代以後，曾被作爲古典文學的範本，歷代注疏刊刻者繁多，其中最著名的有唐顯慶中李善作注，世稱「李善注」。開元六年呂延祚復集呂延濟、劉良、張銑、呂向、李周翰五人共爲之注，世稱「五臣注」。此兩本注中以《李善注》最爲後世稱道，因李善作注，詳盡地注明出處和典故，因此保存不少古書佚文，其作用超越解釋《文選》字句的範圍，成了中國文獻重要的書籍，所以流傳廣泛，刻本很多。最早的刻本是北宋天經九年（1031）曾由國子監校勘刻印，但流傳不廣。現北京圖書館所藏李善注《文選》最完整的版本是尤刻本。尤袤於淳熙六年（1179）時至池州任倉使，於安徽貴池昭明太子廟，發現李善注《文選》，因感於廟有文選閣而無《文選》之雕版，建議重新刻《文選》版。然此工程浩大，所需經費亦不少，幸得袁說友協助，歷時一載有餘完成。尤刻本《文選》卷末附有尤袤所撰跋文：

　　　貴池在蕭梁時實爲昭明太子封邑，血食千載，威顯赫然，水旱疾疫，無禱不應。廟有文選閣，宏麗壯偉，而獨無是書之板，蓋缺典也。往歲邦人嘗欲募眾力爲之不成。今是書流傳于世皆是五臣注本，五臣特訓釋旨意，多不原用事所出。讀李善注淹貫該洽，號爲精詳，雖四明、贛上各嘗刊勒，往往裁節語句，可恨！袤因倅餘鋟木，會池陽袁使君助其費，郡文學周知綱督其役，逾年乃克成。既摹本藏之閣上，以其板置之學宮，以慰邦人所以尊事昭明之意云。淳熙辛

〔註141〕除了《全宋文》存有尤袤的詩外，北京大學圖書館編輯的《全宋詩》也有尤袤的詩集。師範大學國文、歷史圖書館皆存有這兩套書集。
〔註142〕（宋）尤袤《梁谿遺稿》序，1149－510。

丑上巳日，晉陵尤袤題。〔註143〕

此外尤袤友袁說友跋稱：「《文選》李善注爲勝，尤公博極群書，今親爲讎校，有補學者。」〔註144〕也表明尤袤曾親自參與讎校工作，並於刊行前曾考其異文，《常州先哲遺書》及收有《文選注考異》一卷，可見他對《文選》的重視。

清嘉慶十四年（1809）胡克家以尤刻本爲底本，校勘重刻李善注《文選》，胡氏約請版本學家顧廣圻、彭兆蓀參與其事，並撰成《文選考異》十卷〔註145〕。胡克家在〈重刻宋淳熙本選序〉曰：

宋代大都盛行五臣，又多善爲六臣，而善注反微矣。淳熙中尤延之

在貴池倉使，取善注讎校鋟木，厥後單行之本咸從之初。〔註146〕

後世多據尤本翻刻，也可知尤本《文選》之重要性。

案：目前在北京圖書館存有尤袤所刻的《文選》，以這本刻本與胡刻本兩相比較，發現兩者有許多不同點：1.此尤刻本較胡刻本多袁說友兩篇跋，並附〈李善與五臣同異〉一卷。2.胡刻本有處補版的痕跡，尤刻本無。3.尤刻本補刻的目錄、《同異》非常模糊，而出刻的正文部分卻比較清晰，顯然不是後印本，而是一個初版的早期印本。4.胡刻本和尤刻本所載的刻工不同，如尤刻本第一卷刻工只有劉仲、章宗兩人，而胡刻本則有蔣正、蔡勝、曹儀、徐仁、潘暉、陳新、劉用、王元壽、曹佾、劉文、翁珍、馬才、從元龍等，還有記明「乙丑重刊」的李甫、呂嘉祥、熊才、仲甫，「乙卯重刊」的劉升，其中除劉用、曹佾、劉升的名字曾見於尤本的各卷外，一般都沒有出現過，可見胡刻本所用底本並非完全沿用尤刻本。再由刻工記載來研究兩本刻本的年代，尤刻本的刻工爲淳熙到嘉泰年間的刻工，胡刻本所用底本的補版多於嘉定之後，兩者相距近二十年，文字上當然也會有所不同。近代學者曾將兩個版本相校，發現尤本與北宋本有許多地方相似，和胡本卻大不相同，因此推論胡克家並無見過尤本的初印本，也未見過北宋本，而是用袁本和茶陵本進行校勘，若遇到不同於袁本、茶陵本皆斷定爲「尤本校勘」〔註147〕。乾隆年間，《四庫全書》纂修官們沒見到宋版的李善注，

〔註143〕朱迎平〈尤袤與刻書〉，《宋代刻書產業與文學》（上海市：上海古籍出版社，2008年3月1日版），頁241。

〔註144〕同上。

〔註145〕同上。

〔註146〕吳洪澤〈尤袤著述考辨〉，頁477。

〔註147〕程毅中、白化文撰〈略談李善注《文選》的尤刻本〉，趙昌智、顧農主編《李善文選學研究》（揚州市：廣陵書社2009年4月，第一版），頁162～167。

採用汲古閣本來判定，現存李善注本並非原書，而是從六臣本中摘出李善注而成的。李善注本早在北宋早期就有國子監刻本，六臣注本則是到北宋末期才出現，因此李善本在宋朝時期已經流傳很廣，六臣注起步較晚，應尚未廣泛遍及。且尤袤《遂初堂書目》中註明有李善本和五臣本，獨獨沒有六臣本，因此尤刻本爲六臣注摘取李善注的說法有誤。目前推論最有可能是，尤袤在校勘李善注時，部份註解採用名爲贛州本李善注，實爲五臣張銑本的註解取代北宋監本李善注〔註148〕。但是否眞如此，亦或參照其他版本，仍須與北宋監本相比對，可惜目前北宋監本已亡佚，無法作詳細比對，但可以確定的是，尤袤的《文選》刻本出現，對於保存《文選》李善注有很大的幫助。

　　除了李善注的《文選》外，尤袤在淳熙年間還先後刻印了郭璞著的《山海經》和荀悅所撰《申鑑》。目前僅存《山海經》。茲著跋文以說明刻書之因，希冀經疏得以流傳。〈山海經跋〉如下：

　　　《山海經》十八篇，世云夏禹爲之，非也。其間或換啓及有窮后羿之事。漢儒云：「翳爲之，亦非也。」然屈原〈離騷經〉多摘取其事，則爲先秦書不疑也。是書所言多荒乎誕謾，若不可信，故世君子以爲六合之外，聖人之所不論。以予觀之，則亦無足疑也。夫天帝未奠之初，彝倫故未始有序也。獸蹄鳥跡之道，交於中國，則人與禽獸未能有別也。夫性命之未得其正，則賦形於天者，不能□定，其詭異故宜。逮夫天尊地卑，而乾坤定，於是手持足蹈以爲人，戴角傅翼以爲鳥獸，類聚群分，始能有以自別，而聖人者出，而君長之。以爲人者，不特其形之如是也，又從而制爲仁義禮樂，以爲之節，俾之自別於禽獸，而人益尊。故夫人者，其初亦天帝之一物，而特靈者耳。自今觀之，凡若遂言之，所言故多怪誕；自古觀之，則理故有是，而不足疑也。是書所載，自開闢數千萬年，遐方異域不可詰知之事，蓋自〈禹貢〉職方氏之外，其辨山川、草木、鳥獸所出，莫備於此書，又秦漢學者多引《山海經》，茲固益可信。古書得存於今如是者鮮矣，則豈不可貴且重乎？始予得京都舊印本三卷，頗疏略，既得道藏本，南山、東山經，各自爲一卷。西山、北山，各分爲上下卷。別以中山東北爲一卷，海外、南海外、東北海內、西南海內、東北大荒、東南大荒、西

───────────

〔註148〕王立群〈尤刻本《文選》李善注兩題〉，趙昌智、顧農主編《李善文選學研究》（揚州市：廣陵書社 2009 年 4 月，第一版），頁 217〜228。

大荒、北海內經，總共十八卷。雖編簡號為均一，而篇目錯亂不齊。
晚得劉歆所定書，其南、西、北、東各一篇，並海山號為五藏經，為
五篇，其文最多，海內、海外、大荒三經。南、西、北、東各一經。
並海內經一篇，亦總十八篇。多者十餘簡，少者三二簡，雖若卷帙不
均，而篇次整比最古，遂為定本。予自紹興辛未至今垂三十年，所見
無慮十數本，參校得失，於是稍無舛訛，可繕寫。其卷後或題建平元
年四月丙戌，侍詔太常屬臣望校治，侍中光祿勳臣龔、侍中奉車都尉
光祿大夫臣秀領主省。建平實漢哀帝年號，是歲劉歆以欲應圖讖，始
改名秀，而龔則王龔也。哀帝時，朝臣有兩名望者，一則丁望，一則
蟜望。而此疑為丁望云。淳熙庚子仲春八日梁溪尤袤題。〔註149〕

陳振孫在《直齋書錄解題》中提及尤袤《山海經》一書，曾云：

故尤跋明其為非禹、伯翳所作，而以為先秦古書無疑，然莫能名其
何人也，宏慶善補注《楚辭》，引《山海經》、《淮南子》以釋《天問》，
而朱晦翁則曰：「古今說《天問》者，皆本此二書。」今以文意考之
疑，此二書本皆緣解《天問》而作，可以破千載之惑。古今相傳既
久，以冠地理書之錄。〔註150〕

雖然尤袤所刻之書數量不多，但都為名著，對後代在考察史料有深遠的
影響。因此尤袤不僅是個藏書家，也是一個刻書家。

〔註149〕 尤偉《遂初堂叢談》，頁40～41。
〔註150〕 （宋）陳振孫《直齋書錄解題》卷8，頁238。

第四章　《遂初堂書目》的成書與內容

第一節　成　書

　　宋代文化發達，士大夫皆喜好藏書，私人藏書數量和品質爲後世罕見。南宋周密《齊東野語》記載，宋代私人藏書蔚然成風，這一時期著名私人藏書者有數十家，而藏書數千卷的更是普遍，而且每家幾乎都編有目錄。南宋時期，藏書家多聚集於越、閩一帶，尤袤所居的常州，藏書之風更是盛行。清葉昌熾《藏書紀事詩》中記載宋代藏書家共一百二十人，今人潘美月教授《宋代藏書家考》一書載宋代藏書家更達一百二十六人，而有目錄者三十三人〔註1〕。然眾多目錄家中又以晁公武撰《郡齋讀書志》、尤袤撰《遂初堂書目》、陳振孫撰《直齋書錄解題》影響最大。

　　《遂初堂書目》乃尤袤家藏書目，其成書時間，並無詳細紀載，就目前有兩個：其一，紹熙四年（1193）致仕後，撰於「遂初堂」。其二，淳熙十六年（1189）奉祠家居後，到紹熙元年（1190）起知婺州前，利用賦閑在家一年時間內完成。《咸淳毘陵志》卷一七定《書目》成書的時間爲「晚年」，尤袤後世子孫尤偉也認爲完成於致仕後。若紹熙四年（1193）致仕後完成，而尤袤

〔註1〕潘美月《宋代藏書家考》所載有目錄之三十三家爲：江正、王溥、畢士安、宋綬、李淑、劉沆、王洙、歐陽修、沈立、吳秘、王欽臣、田鎬、吳良嗣、蔡致君、濡須秦氏、呂大防、李定、宗綽、劉恕、陳貽范、錢勰、吳與、董逌、東平朱氏、晁公武、莆田李氏、尤袤、蔡瑞、鄭寅、陳振孫、許棐、王柏、周密。其後並註明書目名稱、存佚、來源等項目。（台北市：學海出版社，1980年）。

又於來年病逝，短短一年中如何能完成如此龐大的書目？加上尤袤致仕後重病纏身，已無精力整理萬卷圖書，更無法編定書目。因此推論最有可能的時間為淳熙十六年（1189），賦閒居家內。

乾道七年（1171），尤袤任秘書正字時，曾受周必大委託，和唐仲友一起仿《崇文總目》而編次館閣書目，尤袤曾在〈說文繫傳跋〉說道：「余暇日整比三館亂書。」應指此事，由於有先前整理書目的經驗，淳熙四年（1177）尤袤亦以自家藏書編《益齋藏書目》，請楊萬里作序。《誠齋集》卷七十八，云：

> 延之每退則閉戶謝客，月計手抄書若干古書。其弟子亦抄書，不惟延
> 之手抄而已也。其諸女亦抄書，不惟子弟抄書而已也。……今年，余
> 出守毗陵，蓋延之之州里也。延之持淮南使者之節板，一日入郭訪余。
> 余與之秉燭夜話，問其閒居何為？則曰：「吾所抄書，今若干卷，將
> 匯而目之。饑讀之以當肉，寒讀之以當裘，孤獨而讀之以當朋友，幽
> 憂而讀之以當今石琴瑟也。」……延之屬余序其書目，余既序之，且
> 將借其書而傳焉。……顏曰益齋，延之所云亦友也。〔註2〕

從序中得知，尤袤當時的藏書樓並非名「遂初」，是以「益齋」為名。而陳振孫《直齋書錄解題》卷八著錄：「《遂初堂書目》一卷。」〔註3〕未提及《益齋藏書目》。馬端臨《文獻通考》著錄《遂初堂書目》時，引用楊萬里〈益齋藏書目序〉，《四庫全書總目》謂：

> 楊萬里《誠齋集》有為袤作〈益齋藏書目序〉，其名與此不同，然《通
> 考》引萬里序列《遂初堂書目》條下，知即一書。〔註4〕

認為是兩者為同書異名。王史直卻認為此二書為不同書目，於〈錫山文集跋〉中說道：

> 吾邑尤延之先生有《遂初堂書目》傳世，余閱其目之所載猶存乎者
> 少，疑非其全目也。今觀此文乃知更有益齋之藏，世知有遂初堂而
> 不知有益齋，則先生藏書之所原非只遂初堂也，從益齋而推之，或
> 更有所藏之處，亦未可知，宜當時推為藏書之冠。〔註5〕

四川學者吳洪澤在〈尤袤著述考辨〉一文中推論，《益齋藏書目》只是尤袤在

〔註2〕　（宋）楊萬里《誠齋集》卷七十九，頁 657。

〔註3〕　（宋）陳振孫撰《直齋疏錄解題》，頁 235。

〔註4〕　（清）紀昀等編纂《文津閣四庫全書提要匯編‧史部》（北京市：商務印書館，2006 年 1 月），頁 481。

〔註5〕　吳洪澤撰〈尤袤著述考辨〉，頁 473。

收籍圖書過程中得一部臨時書目。「遂初」之名應始於淳熙五年（1178）至淳熙十三年（1186）間，期間尤袤曾請辭，楊萬里〈新涼五言呈尤延之〉詩中有「早歸山林」之句。因慕孫綽〈遂初賦〉的高尚之志，將家中廳堂「依山亭」改爲「遂初堂」，又自號「遂初居士」。楊萬里〈題尤延之右司遂初堂〉，具云：

> 漫仕風中絮，歸心水上鷗。把茅新結屋，藜杖舊經丘。
>
> 花底春勾引，燈前夜校讎。如何添我住，二老更風流。

其二云：

> 詩瘦山如瘦，人退室更退。荒林庾信宅，古木謝敷家。
>
> 醫國君臣藥，逃名子母瓜。只愁歸未得，綠卻白鷗沙。〔註6〕

詩中明確點出修葺遂初堂之事。至淳熙十六年（1189），又因忤姜特立而奉祠歸里，《宋史》本傳：「嘗取孫綽〈遂初賦〉以自號，光宗書匾賜之。」〔註7〕同年，陸游贈尤袤〈遂初堂詩〉云：

> 遂初築堂今幾時？年年說歸眞得歸。異書名克堆滿屋，欠伸欲起遭書圍。舍之出遊功豈誤？律法諸言已非故；請將勳業復諸郎，身踐當年遂初賦。〔註8〕

也明確指出，尤袤當時的藏書樓已名爲「遂初堂」，這也是爲何史籍上無任何有關《益齋藏書目》文字敘述的原因。再則，若《益齋藏書目》與《遂初堂書目》爲兩種書目，楊萬里是尤袤好友，何以僅作〈益齋藏書目序〉，而無〈遂初堂書目序〉？可見兩本實爲一本，故馬端臨置〈益齋藏書序〉于《遂初堂書目》條下。至於《遂初堂書目》完成的時間爲何？從《尤目》內容發現，紹熙元年（1190）前，尤袤刊刻或爲序跋的書籍，如《文選》、《錄續》、《玉欄集》、歐陽氏《集古錄》、《獨醒雜誌》、《呂氏讀詩記》、《山海經》等均見記載；而紹熙二年（1191）寄給陸游的《資暇集》、紹熙五年（1194）爲林憲作序的《雪巢小集》皆則未見記載，可知《尤目》成書時間約在紹熙二年（1191）之前，而非紹熙四年（1193）之後。

　　尤袤對於圖書，「嗜好既篤，網羅斯備」。不管甚麼書，都會千方百計找來讀。毛开在〈遂初堂書目序〉云：

> 晉陵尤延之，始自青衿，迨夫白首。嗜好既篤，網羅斯備。日增月

〔註6〕尤偉《遂初堂叢談》，頁58。

〔註7〕《宋史》卷389、〈列傳〉第189〈尤袤〉，頁11929。

〔註8〕（宋）陸游《劍南詩稿》卷21，頁3～4。

益，晝誦夕思。重之不以借人，新若未嘗觸手。耳目所及，有虞監之親抄；子孫不忘，多杜侯之手校。表層樓而儷富，託名山而共久。不已勝乎！若其剖析條流，整齊綱紀，則有目錄一卷。甲乙丙丁之別，可以類知；一十百千之凡，從於數舉。〔註9〕

其藏書數量之豐，在南宋已十分有名。清代《康熙無錫志》和《乾隆無錫志》具言：「尤袤藏書三萬卷。」比對當時各家藏書，晁公武藏書一四六八部，有二四五○○卷；陳振孫藏書三○九六部，有五一一五○卷；而尤袤藏書以卷計略勝於晁公武之二四五○○卷〔註10〕，故陳振孫在《直齋書錄解題》云：「遂初堂藏書為近世冠。」陸游在〈遂初堂詩〉亦云：「異書名刻堆滿屋，欠伸欲起遭書圍。」二人皆言及尤袤藏書數量之富。惜尤袤所藏之書一直秘不示人，卒後三十年又遭火厄，因而不傳於世，目前僅能從《遂初堂書目》查證出其藏書種類。

第二節　體　制

《遂初堂書目》于《宋史》卷二四〈藝文志三〉著錄：「《遂初堂書目》二卷，尤袤集。」然宋陳振孫《直齋書錄解題》、元馬端臨《文獻通考·經籍考》、明陶宗儀《說郛》及清《四庫全書總目》均著錄「《遂初堂書目》一卷」，《宋史》所載「二卷」或為「一卷」之誤。今傳本僅一卷，《四庫全書總目》認為：「不載卷數及撰人，則疑傳寫者所刪削，非其原書耳。」因其書流傳之後，幾經翻抄後方有刻本，現存者是否為原書，已難以考證。推論尤袤編《遂初堂書目》的動機，或許是方便查閱書籍之用，極有可能是依藏書種類所編撰，毋須詳細編錄卷數及作者，只需依照實際收藏狀況記錄，以說明快速檢索書籍，而非為流傳後世之用。《遂初堂書目》既是為方便查詢藏書所用，在體制上自然不同於其他書目，今以文淵閣《四庫全書》所收藏的《遂初堂書目》為主，並參考其他相關資料，撰定其「西分類別」、「著錄特例」、「記載版本」三項予以述說。為方便說明，將《遂初堂書目》簡稱《尤目》。

〔註9〕　（宋）尤袤《遂初堂書目》（台北：商務印書館《景印文淵閣四庫全書》本，1986年），頁436－437～436－489。
〔註10〕黃燕生〈宋代藏書家尤袤〉，《圖書館雜誌》第二期（上海市：上海圖書館學會，1984年），頁62～63。

一、析分類別

　　《尤目》不分卷，亦不標經、史、子、集或甲、乙、丙、丁，而總分四十四部，但從類目上明顯看出經、史、子、集的分類。其書，經分九類，史分十八類，子分十二類，集分五類，茲試詳列其分類，並附錄所載部數如次：

經　部
　　經總類　　十九部
　　周易類　　八十三部
　　尚書類　　十八部
　　詩　類　　二十一部
　　禮　類　　五十九部
　　樂　類　　二十七部
　　春秋類　　五十部
　　論語類　　三十四部　　（孝經、孟子附）
　　小學類　　四十六部
　　（共計三百五十七部）

史　部
　　正史類　　二十六部
　　編年類　　三十七部
　　雜史類　　七十六部
　　故事類　　十五部
　　雜傳類　　四十七部
　　偽史類　　二十五部（夷狄附各國史後）
　　國史類　　八十二部
　　本朝野史　七十八部
　　本朝故事　五十四部
　　本朝雜傳　六十九部
　　實錄類　　二十一部
　　職官類　　七十三部
　　儀注類　　四十五部

　　　刑法類　　二十八部
　　　姓氏類　　三十部
　　　史學類　　四十八部
　　　目錄類　　二十九部
　　　地理類　　一百八十四部
　　　（共計九百六十七部）

　子　部
　　　儒家類　　一百零六部
　　　雜家類　　四十七部
　　　道家類　　一百四十三部
　　　釋家類　　六十二部
　　　農家類　　二十一部
　　　兵書類　　三十八部
　　　數術家類　九十四部（一天文、二曆儀、三五行、四陰陽、五卜筮、六形
　　　　　　　　　　　　　勢）
　　　小說類　　一百九十八部
　　　雜藝類　　四十九部
　　　譜錄類　　六十三部
　　　類書類　　七十二部
　　　醫書類　　八十三部
　　　（共計九百七十六部）

　集　部
　　　別集類　　七百三十二部
　　　奏章類　　九十九部
　　　總集類　　一百一十六部
　　　文史類　　二十九部
　　　樂曲類　　十四部
　　　（共計九百九十部）

　　《尤目》的分法雖依四部分類，卻較以往分類方法較有不同。對於其分類
方法，後世有許多不同的見解，如：《四庫全書總目》曾評論：「其子部別立譜

一門，以收香譜、石譜、蟹錄之無類可附者，爲例最善。」〔註11〕考《遂初堂書目》，其〈譜錄類〉並無所謂，蟹錄之類的書，疑爲信筆誤書〔註12〕。錢業新在〈尤袤與《遂初堂書目》初探〉一文中認爲，其〈子學類〉分類，沿襲《崇文總目》，把佛書歸入，稱爲〈釋家類〉。而道書則與道家合併，通稱〈道家類〉，這種分類方法並不高明，因爲道家之書，如《老子》、《莊子》等是屬於哲學範疇，而《參同契》、《胎息經》等，完全是道教的圖書。因爲尤袤未分清兩者的不同，所以在道家類中所收一百一十四種，排次混亂，毫無系統。

雖是如此，《尤目》在分類和著錄項目方面，也進行了諸多創新，除了使圖書的分類和著錄更科學，也反映當時學術發展的狀況。首先他繼承《崇文總目》分類的方法，並根據當時學術思想做了幾處的變動〔註13〕：

（一）設置〈經總類〉。因爲經學的發展自隋唐後，已逐步邁向綜合性的發展，於是尤袤仿《舊唐書·經籍志》設〈總經類〉，以收入《九經》、《六經圖》等群經綜合研究的書籍，並將其列於首位，符合先總後分的分類原則。

（二）將《孟子》列入經部，附於《論語》之後。這是第一部將《孟子》列入經部的書目。主要是因爲宋以後《孟子》的地位提升，成爲儒家經典之一，因此尤袤將《孟子》從傳統中的子部抽出，列入經部，明確建立《孟子》的地位。

（三）于史部，創設〈國史〉、〈本朝雜史〉、〈本朝故事〉、〈本朝雜傳〉四個書目。依其藏書狀況，僅收宋朝史書，對僞國、鄰國的史書均不予收錄。此舉反映當時雕版印刷術的發達，使著書、刻書蔚然成風，而南宋館閣對當代史料的收集和編纂又特別注重，替本朝史的編撰與研究提供了便利，使研究當代國史一時成爲熱門科目。有關情況如下表：

原有類目	種類	新立類目	種類	新舊對比增加倍數
正史類	28	國史類	84	3 倍
雜史類	76	本朝雜史	75	0
故事類	15	本朝故事	56	3.7 倍
雜傳類	47	本朝雜傳	45	1.4 倍

〔註11〕李裕民撰《四庫提要訂誤》（北京市：中華書局2005年九月，第一版），頁170。
〔註12〕同上。
〔註13〕參考錢業新〈尤袤《遂初堂書目》初探〉，《圖書館學刊》第二期（瀋陽市：遼寧省圖書館，1986年），頁203～210。及農衛東〈尤袤〉，張家璠、閻崇東主編《中國古代文獻家研究》（廣西：廣西師範大學出版社），頁203～211。

此一創新對後世的影響很大，如黃虞稷的《千頃堂書目》、錢謙益的《絳雲樓書目》，就效法尤氏，增設國史類，這對查閱本朝史籍，極為便利。

（四）改〈史評〉為〈史學類〉，著重收集《史記音義》、《漢書問答》、《唐書糾繆》、劉知幾《史通》、邵忠《史例》等研究探討史書的著述，將史學理論和史學著作明確分開，這種分類清楚明瞭，引起後世史學家注意。

（五）「子部」分十二類，並多有創新，例如：〈雜家類〉收錄法家、名家、墨家、縱橫家，取消〈讖緯類〉、不立〈道書〉，創設〈譜錄〉，且將天文、曆議、五行、陰陽、卜筮、形勢合為〈數術家類〉等。雖此分類失考鏡源流之旨，卻也反應在春秋戰國時期曾盛極一時的諸子百家，學術地位已日益衰微。此後，官修史志亦多仿效尤袤所定書目，如《明史‧藝文志》合併名、法、墨、縱橫諸家於雜家，《四庫全書總目》除保留法家外，其餘諸家也併入雜家。此外，另設〈雜藝類〉，專門收集各類書法、繪畫等書籍。

（六）「集部」分五類，除了一般的〈別集類〉、〈總集類〉、〈文史類〉外，還另設〈樂曲類〉、〈章奏類〉。〈章奏類〉以收大臣的奏議、諫疏等奏章式文體。〈樂曲類〉則專收詞章之屬。後人對尤氏把章奏歸類「集部」頗多議論，認為章奏是「故事之機樞」，劃入「集部」，實為不妥。但從文體而論，章奏中有華麗的文章詞藻和獨特的理論思想，故將其歸入集部，未嘗不無道理。就連劉知幾也認為奏章「非復史書，便成文集」。不過從內容而言，章奏仍屬「史部」。但尤袤在「集部」的分類和著錄，本來就有許多不合理的現象，例如：置詔令於〈章奏類〉；設樂曲，卻將部份詩歌歸於〈別集〉，如：《張仲素歌詞》、《王涯詩又宮詞》、《令狐楚歌詞》等。

就大體而言，《尤目》分類雖承《崇文總目》，但又從中另創新的項目，以順應時代發展。其根據學術思想的變遷和收藏書目的狀況來分類，讓書目分類更加科學，雖然此舉可能僅為尤袤方便查閱書目，卻為後世帶來新的分類方法，無異為目錄學帶來較大貢獻。

下表為《尤目》與《崇文總目》、《郡齋讀書志》、《直齋書錄題解》藏書分類比較一覽表〔註14〕：

〔註14〕此圖依所該書所載目錄分類做簡單整理，其中有空處代表此類書目在該部已刪除或缺漏。

書名	崇文總目	郡齋讀書志〔註15〕	遂初堂書目	直齋書錄解題
經	易類	易類	周易類	易類
	書類	書類	尚書類	書類
	詩類	詩類	詩類	詩類
	禮類	禮類	禮類	禮類
	春秋類	春秋類	春秋類	春秋類
	孝經類	孝經類	論語類	孝經類
	論語類	論語類		語孟類
	小學類	小學類	小學類	小學類
	樂類	樂類	樂類	
		經解類		經解類
			經總類	
				讖緯類

經學方面：

1. 《遂初堂書目》仿《崇文總目》分類，但多〈總集類〉，並將《孝經》、《孟子》附錄於〈論語類〉。

2. 《直齋書錄題解》仿《遂初堂書目》，將《論語》、《孟子》合為〈語孟類〉。

書名	崇文總目	郡齋讀書志	遂初堂書目	直齋書錄解題
史	正史類	正史類	正史類	正史類
	編年類	編年類	編年類	編年類
	實錄類	實錄類	實錄類	起居注類
	雜史類	雜史類	雜史類	雜史類
	偽史類	偽史類	偽史類	偽史類
	職官類	職官類	職官類	職官類
	儀注類	儀注類	儀注類	
	刑法類	刑法類	刑法類	法令類
	地理類	地理類	地理類	地理類
	氏族類	譜牒類	姓氏類	譜牒類
	傳記類	傳記類	雜傳類	傳記類

〔註15〕 《郡齋讀書志》有「衢本」與「袁本」之分，兩本卷數不同，分類亦不相同。今以「衢本」所著錄的分類為主。

目錄類	目錄類	目錄類	目錄類
		故事類	典故類
	史評類	史學類	別史類
		本朝雜史	
		本朝故事	
		本朝雜傳	
		國史類	
歲時類			時令類
		天文類	
			詔令類
			禮注類

史學方面：

《尤目》較重視本朝史，藏書數量較豐，是以分類時將宋代雜史、故事、雜傳三類圖書單獨成類。《直齋書錄解題》則受其影響，在史學方面的分類也較為詳細。

子	儒家類	儒家類	儒家類	儒家類
	道家類	道家類		道家類
	法家類	法家類		法家類
	名家類	名家類		名家類
	墨家類	墨家類		墨家類
	縱橫家類	縱橫家類		縱橫家類
	雜家類	雜家類	雜家類	雜家類
	農家類	農家類	農家類	農家類
	小說類	小說類	小說類	小說家類
	兵家類	兵家類	兵書類	兵書類
	類書類	類書類	類書類	類書類
	藝術類	藝術類	雜藝類	雜藝類
				音樂類
	醫書類	醫書類	醫書類	醫書類
	卜筮類		數術家類	卜筮類
	算數類	星曆類		曆象類
	歷數類			

	天文占星書類	天文類		陰陽家類
	五行類	五行類		
	道書類	神仙類	道家類	神仙類
	釋書類	釋書類	釋家類	釋氏類
			譜錄類	
				形法類

子部方面：

《尤目》較不受《崇文總目》和《郡齋讀書志》的影響，將天文、曆議、五行、陰陽、卜筮、形勢之類的書籍歸類於〈數術家類〉。

集	總集類	總集類	總集類	總集類
	別集類	別集類	別集類	別集類
	文史類		文史類	文史類
		楚辭類		楚辭類
		樂曲類		歌詞類
				詩集類
		章奏類		章奏類
		文說類		

集部方面：

1. 《尤目》分類較《崇文總目》、《郡齋讀書志》詳細，多設置〈樂曲類〉，且將〈章奏類〉歸入集部。
2. 《直齋書錄解題》也受其影響，於集部另外分〈章奏類〉，將樂曲方面另設〈歌辭類〉。

二、著錄特例

　　現存宋朝私家藏書目錄中，《尤目》的著錄之方式較其他各家特殊，而自成一家，因其著錄，無大序、小序、敘錄和提要等，與同為私家藏書的《郡齋讀書志》、《直齋書錄解題》迥異，且僅錄書名，不載卷數。且於一書的作者，僅有部分著錄，多數不著錄；且著錄作者時，稱謂也不統一，如王性之《默記》、吳氏《漫錄》、朱丞相《秀水閒居錄》、王明清《投轄錄》等只有「王明清」是姓名，「王性之」乃王銍的字；吳氏當指吳曾，僅稱氏；而朱勝非，就稱官銜。由於此法與一般書目不同，時人多有爭議。《四庫提要》曾云：

其例略與史志同，惟一書兼載數本以資互考，則與史志小異耳。諸
書解題，檢馬氏《經籍考》無一條引及袤說，知原本如是。惟不載
卷數及撰人，則疑傳寫者所刪削，非其原書耳。其子部別立譜錄一
門，以收香譜、石譜、蟹錄之無可附者，爲例最善。間有分類未安
者，如《元京》本史而入儒家，《錦帶》本類書而入農家，《琵琶錄》
本雜藝而入樂之類。亦有一書偶然複見者，如《大曆浙東聯句》一
入別集，一入總集之類。又有姓名訛異者，如《玉瀾集》本朱皋作
而稱朱喬年之類。然宋人目錄於今者，《崇文總目》已無完善，爲此
與晁公武志爲最古，故考證家之所必稽矣。〔註16〕

然《尤目》雖然沒有批註，但一書載於兩類的手法，但卻明顯是使用「互著」
法，也就是將同一本書載於兩種或兩種以上的類目，以反映其內容的複雜性，
由於其注錄較他家不同，後世多所探討。繼《四庫全書總目》後，清末盛宣
懷、繆荃孫均提出相同的看法，並將其整理如下〔註17〕：

書　名	歸　類	
焦氏易林	周易類	術數家類
汲冢周書	尚書類	春秋類
天下大定錄	雜史類	偽史類
皇祐平蠻記	本朝故事	地理類
慶曆軍錄	本朝故事	兵書類
資暇集	雜家類	道家類
隋李文博中興書	儒家類	雜家類
瀨鄉紀	地理類	道家類
熙寧番官陳院編敕	職官類	刑法類
文場盛事	故事類	小說類
石藥爾雅	醫書類	道家類
于公異記集	別集類	章奏類

〔註16〕（清）紀昀等纂《文淵閣四庫全書提要匯編・史部》，頁 481～482。
〔註17〕此表參考曾貽芬、崔文印撰〈宋代著名私人藏書目〉，《史前史研究》第四期
　　　　（北京市：北京師範大學出版社，1991 年增補），頁 69。

令狐楚奏事	別集類	章奏類
文苑英華	類書類	總集類
花間集	總集類	樂曲類
王文公送伴錄	本朝雜史	本朝故事
郊祀錄	儀注類重複兩次	
伊川先生集	別集類重複兩次	
崔顥集	別集類重複兩次	
吳均集	別集類重複兩次	
孫逖集	別集類重複兩次	
戎昱集	別集類重複兩次	
鮑溶集	別集類重複兩次	

這種的「互著」情況，前人往往認為是重複，僅以「重出」一語帶過，未能詳加考證，是為例不嚴。但據上表所見，明顯表示非失誤所為，而是清代史學家章學誠所說「互著」方法的雛型。章學誠《校讎通義》卷一〈互著〉云：

> 古人著錄，不徒為甲乙部次計⋯⋯蓋部次流別⋯⋯使之繩貫珠聯，無少缺逸，欲人即類求書，因書究學。至理有互通，書有兩用者，未嘗不兼收並載，初不以重複為嫌，其於甲乙部次之下但加互注，以便稽檢而已，古人最重家學，敘列一家之害，凡有涉此一家之學者，無不窮源至委，竟其流別，所謂著作之標準，群言之折衷也，如避重複而不載，則一書本有兩用而僅登一錄，於本書之體既有所不全，一家本有是書而缺而不載，於一家之學有所不備矣。〔註18〕

據此言可證明《尤目》所使用的著錄方法是為「互著」。馬端臨《文獻通考·經籍考》普遍認為是最早使用「互著」法，但《尤目》成書年代較《文獻通考》早，且使用「互著」的方法十分明顯，由此觀之，《尤目》實為使用此法之鼻祖。

此外，《尤目》中出現一類重複二書的情況，多見於〈別集類〉，極有可能為尤袤的藏書中，相同之書有兩種以上，例如：〈別集類〉著錄《伊川先生

〔註18〕 同上。

集》，又另錄《伊川集》；《鮑溶集》又有《鮑溶》一書。但《尤目》已遭多次傳抄，各家所載書目不盡相同，就以《鮑溶集》爲例：《說郛》本《尤目》〈別集類〉有「鮑溶集」及「鮑溶」二書，而《海山仙館叢書》本則無「鮑溶」，《四庫全書》則爲「鮑溶」及「鮑容」二書。因此一類二書有可能是失誤，也有可能分別爲兩種書目，惜藏書盡毀，無以考證其實況。

三、記載版本

宋以後，私家藏書雖盛行，但書目中有版本之記載，始於南宋的尤袤《遂初堂書目》、晁公武《郡齋讀書志》、陳振孫《直齋書錄解題》，然《郡齋讀書志》、《直齋書錄解題》，兩本僅于解題中言及版本問題，並述其間異同。而尤袤的《遂初堂書目》首先標記版本於書名上，首創書目記版本之例，同時也使後代在編撰目錄上皆明著版本，大大提升版本的重要性。清末葉德輝《書林清話》云：

> 自鏤板興，於是兼言板本，其例創于尤袤《遂初堂書目》。目中所錄一書至數本，有成都石經本、秘閣本、舊監本、京本、江西本、吉州本、杭本、舊杭本、嚴州本、越州本、湖北本、川本、川大字本、川小字本、高麗本，此類書以正經正史爲多，大約皆州郡公使庫本也。〔註19〕

據葉氏所言，不難發現尤袤所收藏書的版本，多爲當時之善本。宋人葉夢得曾說：「天下印書，以杭州爲上，蜀本次之，福建最下。」在《尤目》中所著錄的版本書籍中、舊監本、杭本和川本占總數的一半。另外，高麗本《尚書》、秘閣本《山海經》朱墨本《神宗實承》也都是當時的珍品，尤袤均注意並加以收藏。對於品質較差的建本，則未收錄。明顯表現出尤袤對善本的重視。今總列《尤目》中所載版本部分作圖表統計〔註20〕：

〔註19〕（清）葉德輝《書林清話》卷一（台北市：世界書局印行，1961年），頁5。
〔註20〕此表參考錢業新〈尤袤《遂初堂書目》初探〉所註錄表格。

	經部	史部							子部				合計
	總經	正史	編年	雜史	實錄	職官	目錄	地理	釋家	數術家	小說	譜錄	
舊監本	7												7
秘閣本								1					1
京　本	1										1		
越　本		1											
舊杭本		5		1									6
杭　本	4												4
越州本		1											1
嚴州本		1											1
江西本	1												1
吉州本		1											1
池州本								1					1
湖北本		1											1
川　本		5											5
川大字本		1	1										2
川小字本		1	1										2
成都石刻	1												1
舊　本		2						2					4
重（定）修					4	1	1						6
新　修								1					1
別　本										1		1	2
姚　氏				1									1
朱墨本					1								1
金銀字										1			1
手　校				1									1
高麗本	1												1
合　計	15	19	2	3	5	1	1	5	1	1	1	1	55

由上表明顯知道，《尤目》收錄書目中，著錄版本的共有五十五種，占總數 1.7％，其中又以正史居多，計有三十四種，是全部著明版本的 62%，正符合葉氏所謂「此類書以正經正史爲多」。但相較之下，其他所占的版本較少，錢業新在〈尤袤《遂初堂書目》〉中就此一問題，提出四點不同看法，另外，姚偉鈞也在〈尤袤與《遂初堂書目》〉〔註21〕一文中也對此發表三點看法，今就兩家所提論點整理歸類如下：

（一）根據上表共有版本二十五種：如以國別分，我國的有二十四種，外國高麗的只有一種。如以國內的地區分，舊監本和秘閣本是河南開封的產品，其他的十三種，分佈於今日的浙江、江西、安徽，湖北、四川五省，可知尤袤在南宋初期書目的來源多與偏安有關。

（二）重視本朝史書，在史部增設國史、本朝雜史、本朝故事、本朝雜傳四項。且數量之豐，間接展現出南宋以後，時人對國家歷史的認同。

（三）朱墨本《神宗時錄》的出現，證明在南宋時期，印刷業早已使用朱、墨兩色印刷，而非到元末才使用。

（四）中國佛教非常重視經典，自南北朝以來，即有藏經編輯，內容分爲經、律、論三藏，包括印度和中國的著述在內。藏經的刊印，始于北宋初。最初有蜀版，後有福州版等。之後的遼、金、元、明、清各代，也都有刻本，單行本種類繁多，著述頗富。眾家版本中，最珍貴的爲「金銀字抄寫本」，如《尤目》中的《金銀字傳大士頌》就是一例。但自古以來書目記載這種版本，卻如鳳毛麟角。所以此條著錄，也增加《尤目》的重要性。

（五）對讖緯、神仙之書不予記載。南宋諸家目錄僅尤袤、鄭樵不設神仙類。尤袤不設神仙，將讖緯一類書籍並入道家，這多少也反映南宋對讖緯之術和道家的不重視。

（六）校讎的工作，始于西漢劉向父子，但把校勘的書著錄于公藏、私藏書目中，在南宋以前，實無前例。而《尤目》中卻著錄《遂初先生手校〈戰國策〉》一書，這不儀體現了尤袤讀書勤奮，也顯示其書目收錄的周全。

〔註21〕姚偉鈞〈尤袤與《遂初堂書目》〉，《歷史文獻研究》總第 18 輯（武漢市：華中師範大學出版社，1999 年），頁 272～275。

（七）中國是印刷發明的基地。印刷書的驟增，也成為統治階級贈與各國禮物或商品，如朝鮮、日本、越南等國。由於書目大量輸入朝鮮，於是他們也仿照中國開始雕版印書。《遂初堂書目》中所著錄的《高麗本尚書》想必是朝鮮仿製的成品。公、私藏書書目中著錄外國的印刷品，在南宋前十分罕見的，《尤目》的收入不僅反映當時中外文化的交流，也透露出尤袤在收集書目的廣泛。

　　據此，不難發現《尤目》在目錄學上有很大的重要性，後世藏書家多仿照其體例，於書目後加注『版本』，但能如《尤目》詳盡者卻十分稀少。昌彼得、潘美月合著《中國目錄學》中曾云：

> 自尤氏以後，編書目能仿用其例的尚甚罕見，在明代唯有嘉靖間晁瑮編《寶文堂書目》，於書名下偶有注明所藏的是什麼刻本。明末以來，藏書家特重宋元版，故清初的書目于所藏的宋元本始予以標注，如汲古閣《宋元版書目》、《絳雲樓書目》、《季滄葦書目》等是。而錢曾的《述古堂書目》除記宋元版外，於抄本書也加以著明。一直到嘉慶間秦恩復編其藏為《石研齋書目》，才推廣尤氏遂初目的陳法，始備註明所藏各書的版本。顧廣圻作書目序云：「今先生此日，創為一格，以入錄之本詳注於下，既使讀者于開卷間，目憭心適而據以考信，遂不啻燭照數計。於是知先生深究錄略，得其變通，隨事立例，惟精惟當也。特拈出之，書於後，為將來撰目錄之模範焉。」嘉慶以後藏書家所編的書目大都注明版本，實為一進步，惟各家書目所記的版本，多僅注明為宋為元為明，稍詳者亦不過標舉元號，如『明嘉靖刻本』、『明萬曆刻本』、『清康熙刻本』等，若求如《遂初堂書目》一樣，能載明刻地的，可以說甚罕。〔註22〕

第三節　傳　本

　　現存《遂初堂書目》所載錄書籍數目，各家說法有異，黃燕生〈宋代藏書家〉〔註23〕、張克偉〈尤袤與《遂初堂書目》〉載三一三三部、農衛東〈尤

〔註22〕昌彼得、潘美月合撰《中國目錄學》（台北市：文史哲出版社，中華民國75年9月初版），頁58。

〔註23〕黃燕生撰〈宋代藏書家尤袤〉，頁62～63。

袤〉與牛紅亮〈南宋藏書家尤袤與遂初堂藏書〉〔註 24〕載三一五○部、姚偉
鈞〈尤袤與《遂初堂書目》〉載三一五一部〔註25〕、錢業新〈尤袤《遂初堂書
目》初探〉載三二三二部〔註26〕、《四庫全書》內府藏本為三一二五部，蓋其
數量應在三千一百多部左右，數量之所以有所出入，應是後世傳抄時有所增
補。有關傳刻狀況，陶寶慶〈尤袤、萬卷樓、《遂初堂書目》〉一提及《遂初
堂書目》傳世刻本主要有以下幾種：

1. 元末明初天台陶宗儀刊本，即刻入《說郛》卷十者也。
2. 清代廣東番禺潘德畬本，即刻入《海山仙館叢書》者。
3. 清代江蘇武進盛宣懷刻本，即刻入《常州先哲叢書》者也。
4. 尤袤二十五世孫尤桐解放前刊印《錫山尤氏叢刊甲集》時，根據上述
   三本校之復刊本。〔註27〕

惜有關《遂初堂書目》的傳本，於各家圖書館並不多見。據此，乃參考著蔡
文晉《宋代藏書家尤袤研究》一書，簡單分類如次：

《說郛》本
1. 清順治四年，姚安陶珽重編刻一百二十卷
2. 民國十四年上海涵芬樓鉛印明鈔一百卷
3. 僅載《說郛》本，而無說明何種版本

《海山仙館叢書》本
清道光二十六年，番禺潘仕誠刻本

《常州先哲叢書》本
1. 清光緒二十二年，武進盛宣懷刻本
2 武進盛宣懷另刻有單行本

其他版本
1. 民國二十四年上海商務印書館鉛印《叢書集成初編》本
2. 丁丙《善本書室〉舊藏舊鈔本一冊，有「汪魚亭藏閱書」一印又舊鈔
   本一冊，有「何印元錫」「夢華館藏書」二印

〔註24〕牛紅亮〈南宋藏書家尤袤與遂初堂藏書〉，《圖書館學刊》第四期（瀋陽市：遼寧省圖書館，2000 年），頁 62。
〔註25〕姚偉鈞〈尤袤與《遂初堂書目》〉，頁 272。
〔註26〕錢業新〈尤袤《遂初堂書目》初探〉，頁 24。
〔註27〕陶寶慶〈尤袤、萬卷樓、《遂初堂書目》〉，《四川圖書館學報》第三期（四川省成都市：四川圖書館學會，四川圖書館學報社，1983 年），頁 38～39。

3. 各藏書目錄所載之鈔本

4. 路氏有鈔二卷本

5. 清光緒六年會稽秋霖澍鈔本

6. 德化李氏木犀軒舊藏清嘉道間原抄本

7. 清乾隆欽定《四庫全書》內府藏本

8. 錫山尤氏叢刊本

以上所述各刊本間因皆輾轉刊刻，故文字稍有出入，所載卷數自然有些許不同。惜無以得各家版本詳加比對，否則可更為詳盡。

第四節　特　色

尤袤的《遂初堂書目》具有以下幾個特點：

一、多抄本

因尤袤曾擔任書丞、著作佐郎、實錄院檢討官、太子侍讀等官，得借閱內府藏書，既喜抄書，是以所藏抄本甚多。〈家譜本傳〉云：「公平居無事，日取古人書錄，家人女稚莫不識字，共著三千餘部，建萬卷書樓。」楊萬里〈益齋藏書目序〉亦云：

> 延之每退則閉戶謝客，日計手抄若干古書。其弟子亦抄書，不惟延
> 之手抄而已也。其諸女亦抄書，不惟子弟抄書而已也。〔註28〕

則以此知《尤目》所藏多為抄本。而抄書之風由來已久，非獨尤袤如此。宋代以後雖雕版印刷廣為普及，然抄書之風不衰，且時有所載。如陳振孫也曾抄錄夾漈鄭氏、方氏、林氏、吳氏之藏書達萬卷。尤袤所任官職多與書本接觸，得以借三館之書而抄之，且其愛書成癖，故所抄特勤且眾，得為當世藏書之冠。

二、多善本

《遂初堂書目》多注明版本，計有二十三種版本，共五十一部書，占所藏書目百分之一，雖比例上較少，但大多為「州郡公使庫本」。所謂「州郡公使庫本」，即州郡官吏以公庫金錢所刻印之書，用以上呈朝廷者，一般而言，均屬精校精刻之本。其他如秘閣本、舊監本、京本，均為官府刊本。當時浙

〔註28〕　（宋）楊萬里《誠齋集》卷七十九，頁657。

江一帶多建本流傳，而建本乃校刻較差之圖書，《尤目》均未加注，而附注者乃越州本、嚴州本、杭本、舊杭本等宋刻中最上品的書籍。此外高麗本《尚書》，秘閣本《山海經》、朱墨本《神宗實錄》和《蜀石經》均為當時珍本，尤袤如此重視善本之心十分明確。葉德輝《書林清話》卷十稱其云：

> 其癖好宋本之心亦云至矣，因思古人亦必有之，如宋尤袤《遂初堂
> 書目》，臚載舊監本、秘閣本、杭本、舊杭本、越本、越州本、江西
> 本、吉州本、嚴州本、湖北本、川本、池州本、京本、高麗本，而
> 南宋中盛行之建本、婺州本，絕不一載，豈非以當時恆見之本而遂
> 不入於目歟？〔註29〕

而尤袤這種嗜好宋刻善本、稀世珍本之習，也為後世代來不少的影響，尤其清朝以後最為明顯，如錢曾、徐乾學等人皆以宋刻為珍。

三、重史書

重視並收藏當代史學書籍。所藏史學書籍，在宋代公私藏書目錄中，可稱最富。公家藏書目錄如《崇文總目》，著錄史書六百五十五部，私家藏書目錄如《郡齋讀書志》，著錄史書二百八十三部，《遂初堂書目》則著錄史書多達九百八十部，為所有之冠。主要是尤袤長期官居內廷，又深得孝宗、光宗器重，這也使他得以閱讀大量內廷史料。加上他在收及史料時，又特別注重當代史籍，故他所收藏的史料數量，光本朝史籍就有兩百八十多部，占所收史籍總數的三分之一。而《尤目》收錄的書籍版本時代齊全，有些書籍甚至有數本不同版本，如《史記》有川本、嚴州本兩種，《前漢書》有川本、吉州本、越州本、湖北本四种，《後漢書》有川本、越本兩種，《舊唐書》有舊杭本、川小字本、川大字本三種，《戰國策》有舊杭本、姚氏本及尤袤親自校讎之遂初先生手校本三種。

四、多法帖

尤袤精於鑑賞書畫，因此於法書及畫錄等藝術圖書多所收藏，在《尤目》所載多達三十多部，陳振孫在《直齋書錄解題》於《遂初堂書目》之提要云：「藏書甚多，法書尤富。」〔註30〕且其喜好收集墨跡法書之習不單見於《尤目》，好友楊萬里《誠齋集》中也記載尤袤與沈虞卿、楊萬里辨識王順伯所藏

〔註29〕 （清）葉德輝《書林清話》卷10，頁291。
〔註30〕 （宋）陳振孫《直齋書錄解題》，頁236。

歐陽修〈集古錄序〉，至夜不倦，又有光宗賜手書予袤等五人及袤藏有光堯御
書墨跡。王明清《揮塵三錄》載有尤袤於書法之精湛。《梁谿遺稿》更輯有〈跋
蘭亭〉〔註31〕共七首：

（一）

唐文皇既得脩禊敘，命趙模、諸葛貞輩臨寫，當時在廷之臣，競相
傳摹，顧流于世皆可寶。蘇大令自言家有五本，今不知此是第幾本
也。梁谿尤袤。

（二）

司業汪逵家藏禊敘，至多內一軸首跋乃康伯，可是轉摹失真，此本
良是定武古本。但定武世以斷損「帶流右天」四字為真，而此獨完
好然精采，乃與唐人鈎摹本不異，殆是定武以前未斷損者邪！乾道
壬辰中秋日錫山尤袤跋。

（三）

唐文皇初得此序，命歐褚、趙模、馮承素、韓道政、諸葛禎等搨本，
以賜群臣，故傳于世數本，歐陽公《集古》不錄定武本，謂與王沂
公家所刻，不異自山谷家定武本，以為肥不剩肉，瘦不露骨，於是
士大夫爭寶之。其實或肥或瘦，皆有佳處。此本差肥，而最有精神，
號唐古本。或云在永興年，若定武字有三本，獨民間李氏本為勝，
其於用李本再刻，益瘦細矣。

（四）

蘭亭舊刻，此本最勝，而世貴定武本，特因山谷之論爾。余在中祕
見唐人臨本皆肥，以楊樘所藏薛道祖所題本驗之，實唐古本也。而
近世以此為定武，則誤矣，余凡見前輩所跋武定本，悉有依據，不
敢臆斷。其「湍流帶右天」五字皆損，後有見余所常見者，當自識
之，難以筆舌辨也。

（五）

定武蘭亭舊本在承平時已不易得，薛師正之子紹彭刻他本易去，而
於舊石斲損數字，以惑人後。久以石龕置宣和殿壁，渡江以來，士
大夫家凡得此本，悉指為定武。

（六）

〔註31〕 （宋）尤袤《梁谿遺稿》卷二，頁 1149－526、1149－528。

蘭亭敘肥不剩肉，瘦不露骨，如山谷語，頗似定武本，但以越紙拓，故多疑之。今觀王仲言所聞，殆幾是耶。尤袤觀。

（七）

此本有晁美叔、宋次道跋爲可寶。宋所書蘇公詩，乃參政易簡題其家所藏，唐人摹本絹素上書，今藏太常博士汪逵季路家，余嘗見之。

第二本與楊樫伯時所藏薛道祖親題正同，以爲唐古本云。

尤袤就當時所藏〈蘭亭敘〉摹本作比較，推論當時摹本的筆法和線條，若非對書法相當了解和喜好，無法判斷其內容。由此可知，尤袤在書法方面的專精，這也是爲何《尤目》所藏「法書尤富」的原因了。

《遂初堂書目》在當時的目錄學中，創舉了許多新項目，也是其優點之一，不僅爲前面所敘述的四點，還有其開版本之先河、創分類之新法、採互著之著錄等，已在前面兩節中述及，不贅。

第五章 《遂初堂書目》對後世中外目錄編纂之影響

　　「目錄」一詞最早起源於漢代。班固〈漢書敘傳〉云:「劉向司籍,九流以別,爰著目錄,略敘洪烈。」早從劉向時已開始使用「目錄」一詞。「目錄」的性質會依照編撰目的不同,而有所區分,如反映藏書情形方便快速查詢的目錄學目錄、多載版本反映藏書特色的藏書家目錄、說明學術源流的學術家目錄、表現藝術價值的鑑賞家目錄等,依照編撰者認知和旨趣的不同,編撰出不同類別的目錄,但主要都是方便檢索之用。這一類的書除了帶來查詢上的方便之外,在學術上也有一定的功用,劉兆祐於《中國目錄學》一書中將其功用分為八項:一是明治學之途徑;二是考典籍之存異;三是辨古籍之真偽;四是考典籍之篇卷;五是審一書之性質;六是知佚籍之梗概;七是知典籍之版刻;八是考學術之源流〔註1〕。而這八項又多與版本學有關,因此治目錄學者,為實踐目錄學之功用,不能不具備版本學的知識。

　　「版本」一詞,始於雕版印刷術的盛行。宋代的「版本」原指雕版印刷之書,元明以後,則舉凡寫本、抄本、活字本、石刻本等各類圖書製作方式皆稱「版本」,清代以後,更以「版本」作為研究目錄學的重要學問之一,清葉德輝在《書林清話》曾云:

　　　先祖宋少保公《石林燕語》云:「唐以前凡書籍皆寫本,未有模印之
　　　法。人以藏書為貴,人不多有。而藏者精於讎對,故往往皆有善本。
　　　學者以傳錄之艱,故其誦讀亦精詳。五代馮道始奏請官鏤《六經》板

〔註1〕劉兆祐《中國目錄學》(台北市:五南圖書出版有限公司,2002年三版),頁417。

印行。國朝淳化中，復以《史記》、前後《漢》付有司摹印。自是書
籍刊鏤者益多，士大夫不復以藏書為意。學者易於得書，其誦讀亦因
減裂。然板本初不是正，甚可惜也。余襄公靖為秘書丞，嘗言《前漢
書》本謬甚。詔與王原叔同取秘閣古本參校，遂為《刊誤》三十卷。
其後劉原父兄弟，兩《漢》皆有刊誤。余在許昌，得宋景文用監本手
校《西漢》一部，末題用十三本校，中間有脫兩行者，惜乎今亡之矣。」
據此而論，雕版謂之板，藏本謂之本。藏本者，官私所藏未雕之善本
也。自雕板盛行，於是板本二字合為一名。〔註2〕

清代張之洞《書目答問‧略例》亦云：「讀書不知要領，勞而無功；知某書宜
讀而不得精校本，事倍功半。」〔註3〕可知版本對目錄學的重要，也因此在書
目中附加版本也成為目錄體制要項之一。最早於目錄中著錄版本，為宋代尤
袤《遂初堂書目》。尤袤在書目下著錄版本，所收藏的版本中有成都石經本、
秘閣本、舊監本、京本、江西本、吉州本、杭本、舊杭本、嚴州本、越州本、
湖北本、川本、川大字本、川小字本、高麗本等，是目錄書中兼言版本最多
者，且多為善本，雖晁公武《郡齋讀書志》較《尤目》早，也於書中略提版
本，但不如《尤目》詳盡，因此凡論及目錄版本，皆以尤袤為首。

　　版本的著錄主要有兩大功用，一為提供讎校之依據，二則為讀書者提供
善本之參考。顧廣圻《思適齋文集》卷十二〈石研齋書目序〉云：

蓋由宋以降，版刻眾矣。同是一書，用較異本，無弗安若徑庭者。
每見藏書家目錄，經某書、史某書云云，兩某書之為何本，漫然不
可別識。然則某書果為某書與否，且或有所未確，又烏從論其精觕
美惡耶？〔註4〕

可知版本之著錄，為書目所不可或缺。也因版本的類別，會因其雕刻情形、
地區、裝訂、印製器材等條件不同，而有不同的名稱〔註5〕，如刊本、原刊本、

〔註2〕　（清）葉德輝《書林清話》卷一，〈板本之名稱〉，頁25。
〔註3〕　（清）張之洞《書目問答》（上海市：商務印書館，中華民國23年10月第3
　　　　版），頁1。
〔註4〕　余嘉錫撰《目錄學發微》（北京市：中國人民大學出版社，2004年9月第一版），
　　　　頁79。
〔註5〕　劉兆祐《中國目錄學》一書中將版本名稱細分如下：1.依雕刻情形區分：刊本、
　　　　原刊本、舊刊本、寫刊本、覆刻本、百衲本、三朝本、書帕本、巾箱本、邋
　　　　遢本。2.依雕刻地點區分：監本、經廠本、殿本、內府刊本、官刻本、家刻
　　　　本、家塾本、坊刻本、書棚本、建本、麻沙本、高麗本（朝鮮本）、日本本。

舊刊本、附刻本、監本、內府刊本、官刻本、抄本、就抄本等種類眾多，因此目錄書於每一本書均著明其版本者，通稱爲「善本目錄」。至於「善本」的定義，隨時代而有所不同，宋代的『善本』多指校勘精審的刻本，宋代朱弁《曲洧舊聞》曾云：「宋次道家藏書，皆校讎二三五遍，世之藏書，以次道家爲『善本』。」葉夢得《石林燕語》亦云：「唐以前，凡書籍皆寫本，未有模印之法，人以藏書爲貴。書不多有，而藏者精於讎對，故往往皆有『善本』。」〔註6〕清代以後對於『善本』的定義更加明確，清張之洞於《輶軒語‧語學篇》「讀書亦求善本」云：

　　『善本』非紙白、版新之謂，爲其爲前輩通人用古刻本，精校細劫，不詭不缺之本也。〔註7〕

又云

　　『善本』定義有三：一曰『足本』（無缺頁、未刪削）；二曰『精本』（一精校，二精著）；三曰『舊本』（一舊刻，二舊抄）。〔註8〕

清丁丙《善本書氏藏書志》於〈跋〉也說明「善本書室」儲藏之圖書有四種：

　　一曰『舊刻』。宋元遺刊，日遠日少，幸傳至今，固宜球圖視之。二曰『精本』。朱氏一朝，自萬曆後.剞劂固屬草草，然追溯嘉靖以前刻書，多翻宋槧；正統、成化，刻印尤精，足本、孤本，所在皆是。今搜集自洪武迄嘉靖，萃其遺帙，擇其最佳者，甄別而取之；萬曆以後，間附數部，要皆雕刻既工，世鮮傳本者，始行入錄。三曰『舊鈔』。前明姑蘇叢書堂吳氏、四明天一閣范氏，二家之書，半係鈔本，至國朝小山堂趙氏、知不足齋鮑氏、振綺堂汪氏，多影鈔宋元精本，筆墨精妙，遠過明鈔。寒家儲藏，將及萬卷，擇其尤異，始著於編。四曰『舊校』。校勘之學，至乾嘉而極精，出仁和盧抱經、吳縣黃蕘圃、陽湖孫淵如之手者，尤讎校精審，他如馮己蒼、錢保赤、段茂堂、阮文達諸家手校之書，朱墨爛然，爲藝林至寶，補脫文，正誤字，有功後學不淺。〔註9〕

3.不屬於雕版者：抄本、舊抄本、影抄本、寫本、稿本、手稿本、活字本（聚珍本）、石印本。

〔註6〕同上。
〔註7〕余嘉錫《目錄學發微》，頁79。
〔註8〕同上。
〔註9〕同上。

但不管對『善本』的定義爲何，目錄學乃自尤袤以後始多加著「版本」，由此可知《遂初堂書目》對後世目錄學的影響。後面幾節，茲將討論《遂初堂書目》對後世中外目錄編纂之影響。

第一節　對宋代目錄編纂之影響

宋代爲目錄學頗發達的年代，其私家目錄近四十多種，但多失傳，目前猶有傳本流播除《尤目》外，僅有晁公武《郡齋讀書志》及陳振孫《直齋書錄解題》。由於《郡齋讀書志》成書早於《尤目》，雖有著錄版本，但僅爲簡略描述刻者或刊行地，且非每一書皆有著錄，不能稱爲版本目錄學之祖。而受《尤目》影響，而於書目中著錄版本則爲陳振孫《直齋書錄解題》。

《直齋書錄解題》著錄版本的方式，並非於書目中直接著錄，而是在敘錄中說明所採用的版本，或是用哪一版本考證其訛誤，如：

《詩集傳》二十卷、《詩序辨說》一卷

> 朱熹撰。以大、小序自爲一編，而變其是非。其序《呂侍讀書記》，自謂少年淺陋之說，久而知其有所未安，或不免有所更定。今江西刻晚年本，得於南康胡泳伯量，校之建安本，更定者幾什一云。

〔註10〕

《古禮》十七卷、《釋文》一卷、《識誤》三卷

> 永嘉張淳忠甫所校，乾道中，太守章貢曾逮仲躬刻之。首有目錄一卷，載大、小戴、劉向篇第異同，以古監本、巾箱本、杭細本、嚴本校訂，識其誤而爲之序，謂高堂生所傳《士禮》爾，今此書兼有天子、諸侯、卿大夫禮，決非高堂所傳，其篇數偶同，自陸德明、賈公彥皆云然，不知何所據也。〔註11〕

《春秋經》一卷之序錄云

> 每事爲一行，廣德軍所刊，古監本也。〔註12〕

皆於序錄中著錄版本，或言其校訂所使用的版本，雖然並非全部書目都著錄版本，但在當時的藏書目錄中，可說是繼尤袤《遂初堂書目》之後，爲最完

〔註10〕（宋）陳振孫《直齋書錄解題》，頁39。
〔註11〕同上，頁42。
〔註12〕同上，頁50。

善的版本目錄學書籍。陳振孫為尤袤後的目錄學家，其《直齋書錄解題》也是宋代少數講求版本的書目之一，可見其受尤袤著錄「版本」的影響。

宋代自尤袤以後，版本學才開始發展，私家藏書在著錄版本方面，尚未完備，但卻為明清以後目錄書籍版本著錄的重要指標，尤其是清代，版本學的發展更為精進。

第二節　對明代目錄編纂之影響

明朝自建國始，即有不少名人顯官以藏書著稱，如宋濂、楊士奇等。嘉靖以降，前後七子提倡復古，逐漸形成一種好古書、好奇書的風氣，私人藏書之風更加發達，也因此出現許多目錄學書籍。由於當時印刷術已相當發達，刻書機構多且廣，造成刻書數量大以及刻書普遍。如政府刻書稱為「官刻本」、「內府刻本」、「經廠本」、「藩府本」；私家刻書稱為「家刻本」；書坊刻書稱為「坊刻本」。由於刻本種類繁多，藏書家為了清楚知道所藏書目的種類，紛紛於書目中著明版本，明朝的陳第《世善堂書目》、晁瑮《寶文堂書目》、李鶚《得月樓書目》、毛扆《汲古閣珍藏秘本書目》等書目，不但著錄版本，更講求善本，主要也是其受《遂初堂書目》著錄版本的影響。現略舉其中幾本書目以資說明：

一、陳第《世善堂書目》〔註13〕

陳第為明朝萬曆諸生，他曾先後隨戚繼光與俞大猷從軍，累功至游擊將軍。晚年著有《東番記》、《世善堂藏書目》等書。其《世善堂藏書目》中對版本的著錄並無一定格式，且非全部書目皆著錄版本，是依照其收藏書籍著錄版本，部分書籍是於書目的敘錄說明刻工為何，如「右諸家詩文名選」中著錄《十七帖》為「蔣傳御重刻」〔註14〕；部分則是於書目中著錄，如：

> 《百塔寺心經》，石刻一本。〔註15〕
>
> 《李樂師》，上西岳石刻。〔註16〕

〔註13〕（明）陳第《世善堂藏書目》（上海市：商務印書館《叢書集成》本，1936年）。

〔註14〕同上，頁56。

〔註15〕同上。

〔註16〕同上，頁57。

也多有手抄本，如：

> 《八門遁甲機要》一卷，抄。〔註17〕
>
> 《遁甲奇書》一卷，抄。〔註18〕
>
> 《校正郭景淳葬書》一本，吳澄抄。〔註19〕

陳第於〈世善堂藏書目錄題詞〉中提到：

> 吾性無他嗜，惟讀書是癖，雖幸承世業，頗有遺本，然不足以廣吾聞
> 見也。自少至老，足跡遍天下，遇書輒買，若惟恐失，故不擇善本，
> 亦不爭價值，又在金陵焦太使、宣州沈刺史，得未曾見書，抄而讀之，
> 積三四十餘年，遂至萬有餘卷，縱未敢云汗牛充棟，然以資文見備，
> 足矣足矣。今歲閒居西郊，伏去涼生，課兒僕輩晒晾入篋，粗為位置，
> 以類相從，因此成目錄，得便查檢。古人有言：『積書以遺子孫，子
> 孫未必能讀。』吾買書，蓋以自娛，特未即棄去耳，非積之以為子孫
> 遺也。子孫之讀不讀，聽其自然，至於守與不能守，亦數有必至，吾
> 雖不聽之，其可得邪？萬曆丙辰，溫麻山農誌。〔註20〕

由文中可發現，陳第藏書多手抄本。再則其撰寫目錄的目的，主要為查書方
便，因此不需每本書目皆有著錄版本，可能就其所知版本者著錄。雖非完備，
但也為其後之版本目錄學增添不少資料。

二、晁瑮《寶文堂書目》〔註21〕

晁瑮是明藏書家、目錄學家。家中富藏書，其藏書樓名「寶文堂」。嘉靖
中，他根據自己所藏之書，編有《晁氏寶文堂書目》三卷。此目在分類體系
上，打破四庫法，分上、中、下三編，並收錄元、明話本、小說、雜劇、傳
奇。且又於每本書目中注明某刻本，如：

> 《爾埠雅》，內府板。〔註22〕
>
> 《易經大全》，內府刻一部，閩刻一部。〔註23〕

〔註17〕同上，頁62。
〔註18〕同上，頁63。
〔註19〕同上。
〔註20〕同上，頁1。
〔註21〕（明）晁瑮《晁氏寶文堂書目》（上海市：古典文學出版社，1957年12月第
　　　　一版）。
〔註22〕同上，頁4。

《書傳》，河南版。〔註24〕

《皇明開國功臣錄》，南監刻，全。〔註25〕

《資志通鑑綱目》，舊刻，家註。〔註26〕

《劉子》，元刻。〔註27〕

《公孫龍子》，天泉刻。〔註28〕

《蘇文忠公文集》，江西新刻。〔註29〕

《南豐文集》，湖廣新刻。〔註30〕

《元祐黨籍碑》，廣西大刻。〔註31〕

其所收錄版本相當豐富，且多著錄其他著錄中不見或罕見的書名，如子雜錄著錄《東軒筆錄續錄》、樂府類著錄《稼軒餘興》、醫書類著錄《東坡集藥方》等。由於其藏書豐富並於書目中著錄各家版本，是以《四庫全書總目》稱：「其著錄極富，雖不能盡屬古本，而每書下間為注明某刻，亦足以考見明人板本源流。」可知晁瑮亦受尤袤版本目錄學的影響，其保存的資料使後世能從中推測當時印刷術的發展，和書籍流通的狀況。

三、毛扆《汲古閣珍藏秘本書目》〔註32〕

　　毛扆父親毛晉所創建的汲古閣藏書樓，以藏書、刻書並重而為當時所著稱。尤其藏書講究版本，凡有珍善古舊之書，必不吝重金購置，時人描述汲古閣藏書：「上下三楹，始子終亥，分十二架，中藏四庫書及釋道兩藏，皆南北內府所遺，紙理縝滑，墨光騰剡，又有金元人本，多好事家所未有。」此外，毛晉刻印了大量經史典籍、唐宋文集、諸子百家、戲曲小說等，乃明末清初江南四大藏書家之一。毛晉歿，其子扆將所藏之書編列成《汲古閣珍藏

〔註23〕同上，頁5。
〔註24〕同上，頁7。
〔註25〕同上，頁25。
〔註26〕同上，頁27。
〔註27〕同上，頁29。
〔註28〕同上，頁30。
〔註29〕同上，頁46。
〔註30〕同上，頁47。
〔註31〕同上，頁237。
〔註32〕（明）毛扆《汲古閣珍藏秘本書目》（上海市：商務印書館《叢書集成》本，1936年）。

秘本書目》，其書目不僅著錄版本，也將著錄書籍的價錢，如：

李鼎祚《易解》十本，宋板影抄，五兩〔註33〕

墨刻《考古圖》四本，四兩〔註34〕

大字宋板《韋蘇州集》五本，十兩〔註35〕

錫山秦氏抄本《唐詩四十六家》二十一本，棉紙黑格舊抄，十兩

〔註36〕

《簡齋詩集》四本，高麗紙宋版，四兩〔註37〕

其著錄詳細，多為清朝以後目錄學家所爭相效仿。不僅如此，他甚至將所存書籍的狀況於敘錄中附錄，如：

《宋詞一百家》，未曾裝訂，已刻者六十家，未刻者四十家，俱細秘本，細目未及寫出，容俟續寄精抄。一百兩。〔註38〕

又如：

北宋板《孔氏家譜》五本，有東坡居士折角玉印，係蜀本大字，舊為東坡所藏。南宋本作良藥苦口利于病，此本作藥酒苦口利于病，及讀《鹽鐵論》，亦作藥酒苦口利于病，方知北宋本之善，意欲每本十兩，為高名者酌行之。〔註39〕

此外，著錄中也對藏書中，較有價值者多所說明，如：

蜀本大字《史記》，有缺，有籤頭三條云：「蜀本大字《史記》」，寶光陸離，真奇物也。未嘗定價，惟老先生酌量之。〔註40〕

由於著錄詳實，後世之人可透過此書目了解當時藏書的情形、刻版的狀況，即便後來藏書皆已散佚，也可從其書目中知道其書情形，並為後來藏書家提供完善的資料。

明朝末年，還有許多著名藏書家，但因為時代環境的變遷，有些不人物已入清朝，如錢謙益、錢曾等人，因此將部分明末清初的藏書家列入清朝討論。

〔註33〕 同上，頁1。

〔註34〕 同上，頁3。

〔註35〕 同上，頁26。

〔註36〕 同上，頁27。

〔註37〕 同上，頁29。

〔註38〕 同上，頁32。

〔註39〕 同上，頁33。

〔註40〕 同上，頁34。

第三節　對清代目錄編纂之影響

葉德輝在《書林清話》卷一〈板本之名稱〉中說：

> 而近人言藏書者，分目錄、板本爲兩種學派。大約官家之書，自《崇
> 文總目》以下，至乾隆所修《四庫全書總目提要》，是爲目錄之學。
> 私家之藏，自宋尤袤《遂初堂》、明毛晉《汲古閣》，及康雍乾嘉以
> 來各藏書家，于宋元本舊鈔，是爲板本之學。然二者兼校讎，是又
> 爲校勘之學。本朝文治超軼宋元，皆此三者爲之根柢，固不得謂爲
> 無益之事也。〔註41〕

到了清朝，版本目錄學可說是快速發展，尤其當時宋元刊本日稀，藏書
家佞宋之風日盛，藏書家爲炫其藏書之富，多注明版本，並詳言其版式、行
款及遞藏經過，因此書目中必定講求版本。葉德輝《書林清話》卷一〈古今
藏書家紀板本〉云：

> 自康、雍以來，宋元舊刻日稀，而紳士林佞宋秘宋之風，遂成一時佳
> 話。乾隆四十年，大學士于敏中奉敕編《天祿琳琅書目》十卷，分列
> 宋板、元板、明板、影宋等類，于刊刻時地、收藏姓名、印記一一爲
> 之考證。嘉慶二年，以《前編》未盡及書成以後所得，敕彭元瑞等爲
> 《後編》二十卷，是爲官書言板本之始。《四庫全書提要》、《浙江採
> 集遺書總錄》、《閩集》，亦偶及之。其後臣民之家，孫星衍有《祠堂
> 書目內編》、《外編》，宋元舊板並同時所刻，分別注明。自爲《平津
> 館鑒藏書籍記》、《補編》、《續編》。陳宗又爲之編《廉石居藏書記》。
> 吳焯有《繡谷亭薰習錄》，吳壽有《拜經樓藏書題跋記》、《附錄》。黃
> 丕烈有《士禮居藏書題跋記》、《續記》、《再續》、《百宋一廛書錄》，
> 顧廣圻爲作〈百宋一廛賦〉。張金吾有《愛日精廬藏書志》、《續志》。……
> 楊守敬有《日本訪書志》，又有《留眞譜》。繆荃孫有《藝風堂藏書記》、
> 《續記》，又編《學部圖書館善本書目》。此外，傅沅叔增湘、況夔笙
> 周頤、何厚甫培元收藏與過眼頗多，均有存目，尚未編定。蓋自乾嘉
> 至光宣，百年以來，談此學者咸視爲身心性命之事，斯豈長恩有靈與，
> 何沆瀣相承不絕如是也。外此諸家文集、日記、雜誌亦多涉之。……
> 大抵於所見古書，非有考據，即有題記。〔註42〕

〔註41〕　（清）葉德輝《書林清話》卷一，〈板本之名稱〉，頁25。
〔註42〕　同上，頁6～8。

葉文中詳述版本學在清乾嘉以還所取得長足的發展，使版本學成為目錄學的主流，而這樣的演進不得不歸功於尤袤《遂初堂書目》之影響。

清朝以降有關版本目錄學得書籍甚多，現就四本以版本著錄著名的書目分別加以說明。

一、錢謙益《絳雲樓書目》〔註43〕

錢謙益絳雲樓是明末、清初最負盛名的江南私家藏書樓。謙益學問淵博，嗜書成癖，購書不惜重金，借錄不遺餘力。崇禎十七年（1644），退居老家紅豆山莊，構建絳雲樓，庋藏書籍。絳雲樓藏書多宋、元珍稀古本和唐、宋以來的名人法書字畫，世人稱譽「大江以南，藏書之富，無過於錢」。因錢謙益惜書如命，絳雲樓珍藏祕不示人。惜於清順治七年（1650），絳雲樓慘遭祝融之禍，珍本典籍化為灰燼，所幸尚留下《絳雲樓書目》四卷。

《絳雲樓書目》中著錄多為宋版和元版，且多於書目前著錄版本，列舉如下：

宋版《周易注疏》二十冊〔註44〕

宋板《詩經毛鄭箋》三冊〔註45〕

元板《禮記註疏》十四冊〔註46〕

內府板《中庸白文》〔註47〕

元板《資治通鑑目錄》三十卷〔註48〕

宋板《柳子厚集》四十五卷，劉禹錫序〔註49〕

宋板《濂溪先生大成集》二冊，七卷〔註50〕

除了部分版本於書目前著錄，也有部分於敘錄中比較各家版本。茲列舉如下：

《董仲舒春秋繁錄》十七卷，此書先儒疑其非真，見《通考》。金陵

〔註43〕（清）錢謙益《絳雲樓書目》（上海市：商務印書館《叢書集成》本，1936年）。

〔註44〕同上，頁1。

〔註45〕同上，頁5。

〔註46〕同上，頁6。

〔註47〕同上，頁12。

〔註48〕同上，頁18。

〔註49〕同上，頁72。

〔註50〕同上，頁79。

本最訛舛，錫川安氏本佳。〔註51〕

《崇正讀書錄》十二卷，又《續錄》十二卷。薛瑄。嘉靖間刻本佳。
〔註52〕

《慎子》十卷，宋麻沙刻本纔五篇，非全書也。陳氏云。〔註53〕

《皇甫持正集》一冊，六卷，有舊刻王文恪公序，遠勝汲古閣板。
〔註54〕

其書目不但顯示錢謙益藏書之豐富，也說明其對版本目錄學的重視。

二、錢曾《讀書敏求記》〔註55〕

　　錢曾字遵王，號也是翁。江蘇常熟人。生於明崇禎二年（1629），卒於清康熙四十年（1701），乃錢謙益曾孫，其父裔肅亦素有貯書之好。在家鄉和家族藏書傳統影響下，錢曾十七歲時開始收藏書籍，家設有三處藏書樓，其中最著名的即爲述古堂。其藏書不拘儒經正史，子集兩類尤有特色。與錢謙益、毛晉等人一樣，也講究版本，所藏書目多宋元舊本和名家抄校本，先後編撰了《也是園藏書目》、《述古堂藏書目》、《述古堂宋元本目錄》和《讀書敏求記》等相關書目。《讀書敏求記》爲錢曾最富盛名之作，手稿最初名曰《述古堂藏書目錄題詞》。其書之所以著名，在於該書不但恢復私家藏書目錄之解題傳統，也延續尤袤以後對版本的講究。

　　《讀書敏求記》之版本，因其稿本流傳脈絡不清，加以傳世鈔校本面貌不一，刻本又幾經轉版重印，情況比較複雜。清末民初章鈺云：

　　　先出者爲朱鈔、趙刻，在康、雍年間；後出者爲菉圃所稱之足本，
　　　嚴氏據以校補，阮氏據以再刻，在嘉、道年間；題詞本則中冊入浙
　　　局，上下兩冊歸菉圃，則在乾、嘉年間。〔註56〕

此本書最早爲手抄本，雍正年始有刻本行世，之後又有合刊本、抄本、阮氏小琅嬛仙館刻本等，民國後章鈺重新校證，爲現行版本。

〔註51〕同上，頁 37。
〔註52〕同上，頁 39〜40。
〔註53〕同上，頁 41。
〔註54〕同上，頁 71。
〔註55〕（清）錢曾撰《讀書敏求記校證》，管庭芬、章鈺校證（上海 ：上海古籍出
　　　　版社，2007 年第一版）。
〔註56〕同上，頁 1。

《讀書敏求記校證》在版本的著錄上，更爲嚴謹，章鈺在考證過程中，運用各家版本，如經部《周易》記載如下：

《周易》十卷：

鈺案：《虞山錢遵王述古堂藏書目錄題詞》有。此條以下省稱題詞本有。凡未見者不注。校語稱題詞本。○阮氏琅嬛仙館刊本無。此條以下稱阮本無。凡有者不注。校語稱阮本。○入《述古堂藏書目》，並入《宋板書目》。此《記》各著大都入《述古堂藏書目》，否則見《也是園藏書目》，宋版則入《宋版書目》，令悉據目注明。如已見《記》文，或不更注。《述古目》及《宋板書目》係用粵雅堂刻本尤《也是園目》係用舊鈔本。用他本者另行注明何本。北宋刻本。經傳一之六，王弼注；《繫辭》，鈺案：刊本「辭」誤「傳」。○以下凡言刊本，皆指沈尚傑重修趙孟升本。七之八、說卦、序卦、雜卦九，韓康伯注；略例十，邢璹注。卷首有「眞元」、「伯雅」二圖記，知是鳳洲先生藏書也。〔補〕勞權云：「《絳雲目》：宋板周易王弼注，五冊。」鈺案：凡見管氏彙錄本均直接《記》文。鈺據各家校本添入者，以下均加「補」字。○鈺：常熟瞿氏《鐵琴銅劍樓藏書目》，有宋乾道間刻本，右各家校本以瞿氏《目》考證此《記》，皆標《恬裕目》，今通行本作《鐵琴銅劍樓目》，以下凡鈺案省稱瞿《目》。〔註57〕

《孟子注疏》十四卷：

阮本移《孔子家語》、《孔子集語》二書於前。○題詞本有。○《述古自》作「孫奭《孟子注疏》二十八卷」，注「叢書堂鈔本」五字。〔補〕黃丕烈云：「此書予得於郡城學餘堂書肆。」《孟子注疏》是叢書堂錄本，簡端五行，爲鮑翁手筆。古人於注疏，刊本作「疏注」。〔補〕阮本同。題詞本、胡校本均作〔注疏〕。皆命侍史繕寫，好書之勤若是。間以監本、建本校對，踳謬〔補〕刊本、阮本作「踳繆」。脫落，乃知鮑翁鈔此爲不徒〔補〕胡校本「徒」下補「然」字。也。
〔註58〕

案：《讀書敏求記》在著錄版本上十分精細。錢曾在書目中除了著錄各家版本，還參酌其他版本校訂，以求書目之確實。至章鈺校證其書，更廣採各家刊本，

〔註57〕同上，頁1～2。
〔註58〕同上，頁35。

一一比對、考訂，並於敘錄中條列所考察的資料，其作法也突顯了版本和校讎上相關性，因而此書可說是一本完善的目錄學書目，可說是一本兼具版本和校讎的書目。

三、季振宜《滄葦書目》〔註59〕

季振宜生於明崇禎三年（1630），爲順治四年（1647）進士，授蘭溪知縣，歷任刑部主事、戶部郎中，官至廣西道御史。擅長行書，工詩文，喜藏書，又精於鑑別，其書皆藏於「靜思堂」和「辛夷館」。所藏書目中，宋、元名刻甚富，其藏書之富，冠於江南，是清初著名藏書家。錢謙益的曾孫錢曾死後，將其書盡歸振宜，後撰成《季滄葦藏書目》。其書目多載版本，黃丕烈在〈季滄葦書目跋〉曾云：

> 向得《汲古閣秘本書目》，以爲得未曾有，業已付梓。今春閒居無聊，檢敝麓中，有《季滄葦藏書目》一冊，其詳載宋元版刻，以致抄本，幾於無所漏略。余閱〈述古堂書目序〉有云：「舉家藏宋刻之重複者，折售之泰興季氏。」是季氏書半出錢氏，而古書面目，較諸錢氏所記更詳。於今滄葦之書已散失殆盡，而每從他處得之證諸此目，若合符節，方信藏書不可無目，且書目不可不詳載何代之刻、何時之抄，俾後人有所徵信也。〔註60〕

序中不但提及《季滄葦藏書目》的現況，更強調其書於版本著錄的重要性。

《季目》著錄版本的方式，主要有兩種，一種是在書目前加註，茲列舉如下：

> 元板《爾雅鄭樵註》三卷，三本。〔註61〕
> 抄本《春秋遵王發微》十二卷，一本。〔註62〕
> 宋板《四書集註》，二十本。〔註63〕
> 宋板《左傳》三十卷，三十本。〔註64〕
> 元板《南史》七十卷，三十本。〔註65〕

〔註59〕（清）季振宜《季滄葦書目》（上海市：商務印書館《叢書集成》本，1936年）。
〔註60〕同上，頁83。
〔註61〕同上，頁18。
〔註62〕同上。
〔註63〕同上。
〔註64〕同上，頁20。

汪板《前漢書》九十卷〔註66〕

另一種是於敘錄中考證其版本，列舉如下：

《元方是賢居劉學箕集》六卷，二本，元板，案首元字，乃宋之誤，
《方是閒居士集》，南宋劉學箕撰，但元刻耳。《汲古閣秘本書目》
亦言《方是閒居士集》二本，元板也。〔註67〕

《謝宣城集》四卷，按此為詳何本，前云宋板五卷，見六葉後四行。

士禮居藏有影宋鈔者。〔註68〕

其書目著錄詳細，且講究版本，不愧為清朝著名目錄學書籍。

四、于敏中、彭元瑞《天祿琳瑯書目》

清乾隆昭仁殿中，大量收藏宋、元、明各朝珍籍善本，並親書「天祿琳瑯」榜幅。而其「天祿琳瑯」所藏版本極精善，書品上乘，可稱為中國古籍中的奇珍，所藏各種版本用不同顏色加以區分：宋版、影宋抄本、遼、金、西夏刻書函以錦，元版書函以藍色綈，明版書函以褐色綈。且宋元刊本如遇蟲蛀殘缺，需挖補修復時，必選存世黃麻紙、白麻紙、澄心堂宋紙等上等紙料經補填後精心修補。《天祿琳瑯書目》為乾隆年間，于敏中、彭元瑞奉旨編成的書目，主要是根據其「天祿琳瑯」所藏的善本書目進行著錄。

書目中除註明各書板本，還附錄各書的藏書印，〈天祿琳瑯書目提要〉云：

重華宮茶宴用「天祿琅琳」聯句詩，其書亦以經、史、子、集為類，而每類中宋、元、明刊刻本及影寫宋本，各以十代為次，或一書或兩刻皆工緻，則兩本並存，猶尤袤《遂初堂書目》例也，一版而兩印皆經好，亦兩本並存，猶《漢祕書》有副例也。每書各有解題，詳其鋟梓年月及收藏家題識印記，並一一考其時代，爵里，著授受之源流。案張彥遠《歷代名畫記》有論十六篇：其十一記鑒識收藏閱玩；十二記自古跋尾押署；十三記自古公私印記。自後賞鑒諸家遞相祖述，自《鐵網珊瑚》所載書畫始。於是事特詳，然藏書著錄則為有辨訂及此者，及錢曾於《也是園書目》之外別出。《讀書敏求

〔註65〕同上，頁21。
〔註66〕同上。
〔註67〕同上，頁81
〔註68〕同上。

記》述所藏舊刻、舊鈔亦粗具梗概，不能如是之條析也。至於每書

之首，多有御製詩文題識語，並恭錄於舊跋之前。〔註69〕

由於《天祿琳瑯書目》為乾隆皇所敕修，於整理和考訂上更校私人藏書

精細，版本的著錄受尤表影響，皆著錄書目之版本，計宋版七十一部、金版

一部、影宋鈔本二十部、元版八十五部、明版二百五十二部，因此標題中已

著錄版本，再分別著錄何地印刷，現就其書目中「經部」舉例說明：

宋版經部：〔註70〕

《周易》一函五冊

上下經六卷，魏王弼注〈繫辭〉，以下三卷晉韓康伯注，《周易略例》

一卷，王弼著，唐邢璹注，俱陸德明〈音義〉，共十卷。

是書不載刊刻年月，而字法圓活，刻守精整，於宋光宗以前諱皆缺

筆，又每卷未詳記經注音義字數，宋板多此式，其為南宋刊本無疑。

琴川毛晉藏書類以甲乙為次，是書於宋本印記之下復加甲字印，乃

宋槧之最佳者，晉，元名鳳苞，字子晉，蘇州常熟人，好古博覽，

構汲古閣藏書數萬卷，刻十三經、十七史，今百家之書，手自校讎，

僮僕皆能鈔書，著述甚富，見《蘇州府志》。

《六經圖》一函，六冊〔註71〕

宋楊甲撰，毛邦翰補《大易象數鉤深圖》一冊、《尚書軌範撮要圖》

一冊、《毛詩正變指南圖》一冊、《周禮文物大全》一冊、《禮記制度

示掌圖》一冊、《春秋筆削發微圖》一冊，不分卷，苗昌言序。

序載陳大夫為撫之期年，取《六經圖》編類為書，刊之於學，是在

乾道元年。序後列銜知撫州陳森，見《西江志》，職志官門次通判學

正各一人，學錄二人，經論六人，而邦翰為州學教授，實補諸圖。

此書宋本，在明時已為難致，新都吳氏曾購得授梓，見顧起元序，

金重刻本，或間有之，若此本之古香寶刻，誠希珍也。

御題：宋版《六經圖》、《八運太古圖》先書後出，考書或不考圖，

非陳刊、苗序，誠探要物列，文章允造微，典備六千年，燭照冊貽

〔註69〕 （清）于敏中、彭元瑞撰《天祿琳瑯書目》提要（揚州市：江蘇廣陵古籍刻
       印社），頁5～6。
〔註70〕 同上，頁1～2。
〔註71〕 同上，頁32～33。

> 五百載，芸緗玩時愒日，凜儆戒惕，夕乾朝守，範圍傳授都因著姓
> 氏次，銓還以正，依違六經，敢曰能窺道，一己惟應歷敕幾敬，奉
> 禋宗，陳俎豆，恪遵。

案：此書目不惟註錄版本詳盡，且取各家書目考證，是以清代以後論善本書
目，皆曰必從此書著手，且其著錄方式特別，多增補各家藏書印鑒，可說是
繼尤袤版本目錄後所作目錄學校讎上的創新，《四庫全書》在著錄方面多受其
影響，除了著錄版本外，也增加校讎的工夫。

除了上述四本書目外，清代的目錄學書中著錄版本甚多，如：陳揆《稽
瑞樓書目》、孫星衍《孫氏祠堂書目》、黃丕烈《士禮居藏書題跋記》、顧廣圻
《思適齋書跋》、瞿鏞《鐵琴銅劍樓藏書目》、陸心源《皕宋樓藏書》、莫友芝
《宋元善本書經眼錄》、葉德輝《觀古堂書目》等，皆於其書目中著錄版本。
明清以降，藏書家多推崇宋、元舊本，由於清代宋、元舊本已日漸稀少，坊
間出現偽本，為了突顯其藏書價值，多於書目中著錄版本，而這些於每一書
目中著名其版本的目錄，即為「善本書目」。

第四節　對當代中外目錄編纂之影響

到了民國以後，由於善本書籍的日趨稀少，加上戰亂和災禍，殘存的宋元
明刻本大多亡佚，後世學者在研究善本書籍上更仰賴版本目錄。為了快速尋找
善本書所藏，擁有善本書籍的圖書館皆編撰善本目錄，如國立中央圖書館的《國
立中央圖書館善本書目》、中央研究院歷史語言研究所的《中央研究院歷史語言
研究所善本書目》、國立台灣大學的《國立台灣大學善本書目》等相關書目相繼
出現，其目錄除了詳細記載圖書館的善本藏書，也提供學者們快速檢索所需書
籍。由於民國以後，擁有善本書的圖書館不多，為了方便參考，善本書多以微
捲收藏。擁有善本書集微捲的圖書館，也將其整理彙編成善本目錄，並記錄其
書目的版本，使後世學者在找尋書目上得以快速且精確。然善本目錄的編撰，
不僅在國內，甚至美國、日本等圖書館都著錄善本書目，如：

《美國國會圖書館善本書目》王重民撰

《普林斯敦大學葛斯德東方圖書館中文善本書志》屈萬里撰

《經籍訪古志》六卷　日本森立之撰

《經籍訪古志補遺》二卷　日本森立之撰

《古文舊書考》四卷 日本島田翰撰
《靜嘉堂秘籍志》五十卷 日本河田羆撰
這些書目不僅顯示善本書籍所藏狀況,也是編錄完整的善本書目,而其書目的著錄,多沿襲尤袤以降的著錄方法,今就其中三本舉例說明:

一、《國立北平圖書館善本書目》

此本主要為著錄北平圖書館所藏善本。包遵彭序曰:

> 國立北平圖書館所藏善本,係以清學部圖書館舊藏為基礎,益以該
> 館建立以來陸續增購者。學部圖書館舊藏,乃宋元明祕閣之孑遺。
> 宋初置集賢、昭文、史館三館及祕閣以典藏內府圖書,總謂之崇文
> 院。金下汴梁,擄掠經籍圖版以去。高宗都臨安,重建館閣於杭州,
> 設祕書省以領之。元滅金,既獲其內府藏書;及下臨安,復收宋祕
> 書省館閣圖書,海運燕京,置祕書監掌管。明太祖定元都,命大將
> 軍徐達盡收元祕監所藏,運置南京,建文淵閣以貯之。成祖遷都後,
> 又將文淵閣徙建於北京。內府所藏,總宋金元祕閣為一,據正統中
> 《文淵閣書目》所載,數量之豐,遠邁前代。唯典管非人,歷朝遞
> 有散佚。滿清入主中國,明文淵閣之遺書及歷朝檔案,均由內閣典
> 籍廳掌管。然內閣係政府出納政令之機構,而內府別有昭仁殿及翰
> 林院貯藏圖書,故內閣所掌先朝遺書及檔案均堆置庫內,浸漸不復
> 為人所曉。宣統元年,內閣大庫屋壞,移藏典籍檔案,始為人發現。
> 時張文襄以大學士軍機大臣管學部事,乃將大庫之遺存,奏請設立
> 學部圖書館。雖所貯數量未豐,然頗不乏宋元孤本祕笈。其後端忠
> 敏採江南故家舊藏,甘肅大吏解送敦煌經卷。民國以來,文津四庫,
> 復輦自熱河。平館成立,更北索廠肆,南搜京滬,擷菁取英,益增
> 其富。南北收藏名家若聊城楊氏、南陵徐氏、歸安姚氏、常熟瞿氏、
> 長沙葉氏所散出之舊槧精鈔,往往而有。四庫、敦煌而外,據目錄
> 所載,甲庫之藏,達三千八百種,乙庫善本尚不與焉。藏品之精,
> 數量之豐,冠於全國,為世所重。……歐戰繼起,國際局勢日漸險
> 惡,北平圖書館袁故館長同禮先生因與美國接洽,並獲得我駐美大
> 使胡適之博士之協助,將存滬善本選取近三千種,二萬餘冊,分裝
> 一〇二箱,於三十年秋起,分為三批,交商輪運送美國。次年初全
> 部抵達,寄存於美國國會圖書館內。而以該批善本,允國會圖書館

攝製顯微膠捲作爲酬答。……去年冬，美東亞圖書館界同仁，以國
會圖書館所攝製之北平館寄存善本顯微膠片，今世界各大圖書館多
已購。然其微捲多達一千有奇，內收書二千八百餘種，苦無分類書
目，查閱維艱。今其原本既運存本館保管，因函促本館將之編印單
行目錄，註明微捲號數，以便利收藏者查閱。余以其事既關係中美
圖書館界之合作，復可以明本館保管之責，故樂睹厥成。因囑司事
者編爲專目，註明微捲號碼。並纂書名、著者索引附後，以便藏者
檢索之助。……余但略述平館善本藏運經過暨此目編印之緣起，以
諗世人。〔註72〕

此序不但說明此書目著作的緣由，主要爲方便檢索，是以著錄精確、詳實，
茲舉例如下：

爾雅類〔註73〕

《爾雅》三卷，晉郭璞著，明嘉靖乙酉 （四年）太原知府黃時庸刊
本，一冊。471 241（1－65）

《爾雅注疏》十一卷，晉郭璞著 宋邢昺疏。元刊明南監修補，九行
本，清咸豐八年楊川第手書題記，八冊。 2171 963（1159－1267），
964（1－188）

《爾雅新義》二十卷，宋陸佃撰，清嘉慶間海鹽錢氏衍石齋鈔本。
嘉慶丙寅（十一年）錢儀吉手校並跋，及過錄陳師庭跋文，六冊。
2173 964（949－1082），965（1－125）

別集類

《嵇康集》十卷，魏嵇康撰，明長洲吳氏叢書堂鈔本，明吳寬朱墨手
校，清嘉慶間黃丕烈手跋三則，一冊。469 240（837－969）。〔註74〕

《陶靖節集》十卷，晉陶潛撰，明仿宋刊九行本。四冊。935 444（474
－658）〔註75〕

《梁昭明太子文集》五卷，梁蕭統撰，朝鮮翻刻，明嘉靖三十四年

〔註72〕《國立北平圖書館善本書目》序（台北市：國立中央大學館編印，中華民國
五十八年）。
〔註73〕同上，頁13。
〔註74〕同上，頁177
〔註75〕同上，頁178

周滿本，一冊　940　444（949－1014）〔註76〕

《宋之問集》二卷，唐宋之問撰，明嘉靖間崦西精舍刊本，二冊　1120

499（597－654）〔註77〕

《蘇文忠公集》存十二卷，宋蘇軾撰，明初刊黑口〔註78〕十行本，

朱校存卷三、卷五、卷六、卷八至卷十、卷十五至卷十七、卷二十、

卷二十五、卷三十六十二冊　1858　832（796－1081）〔註79〕

其書目著錄十分詳盡，不僅著錄版本，也將明清以後書目裝訂、行款的區分，
都加以註錄，並可以清楚現存版本及相關版本。

二、《美國國會圖書館藏中國善本書目》

　　《美國國會善本書目》的由來，已於〈國立北平圖書館善本書目序〉中
有說說明。此書目的分類法，也是依照中國書目的經、史、子、集四部分類，
並於每本書目中著錄冊數、版本和序錄，並詳細說明歷代補刻，茲列舉數條
如下：

《周義兼義》九卷，略例一卷，音義一卷，十冊，二函；明閩刻注
疏零本九行二十一字。

原題魏王弼著，唐孔穎達正義。惟《鐵琴銅劍樓藏書目錄》卷一著
錄是書宋刊木，為此本所從出，瞿氏記載題款頗詳，並與此同，至
兼義之義，《四庫提要》稱「未喻其故」，阮元謂「兼義謂兼并《正
義》而刻之，以別於單注本」。瞿氏取之，而非陳仲魚說，具詳《瞿
錄》，卷內有「秀水朱氏潛采堂圖書」、「雙谿草堂圖記」等印記。孔
穎達序。〔註80〕

《管子》殘存十四卷，十冊，明朱墨印本，九行十九字。

〈凡例〉末題：「西吳凌汝亨識。」汝亨集趙用賢、朱大復、張賓王
三人說而成者也。趙書最通行。賓王名榜，有《管子纂》二卷，刻
《羣言液》中。大復名長春，烏程人，萬歷癸未進士，官至兵部郎

〔註76〕同上。

〔註77〕同上，頁 179。

〔註78〕版本術語，主要指「版心」，即書葉之中間，有黑墨線者，稱為「黑口」；若
　　　　無黑墨者，稱「白口」；無墨線而刻有文字者，稱「花口」。

〔註79〕同上，頁 186。

〔註80〕王重民輯錄，袁同禮重校《美國國會圖書館藏中國善本書目》（台北縣永和市：
　　　　文海出版社有限公司印行，中華民國 61 年 6 月初版），頁 1。

中，汝亨稱其所注名《館子榷》，又趙用賢後題「西吳施辰賓書，時
庚申中秋日也。」然則是書印於泰昌元年。鄭用賢序，萬曆十年
（1582）；劉向序。〔註81〕

《滿漢合璧西廂記》四卷，四冊，一函。舊鈔本十二行字數無定。
元王實甫撰，此書北平圖書館藏有康熙四十九年刊本，當為最早滿
漢合璧本。此為乾隆三十年鈔本，蓋錄自刊本也。〔註82〕

案：此本與《國立北平圖書館善本書目》兩相比較，可發現此本較《北平》
本詳細，且在版本著錄上增加來源，多為明萬曆年間刻本，而宋元以降刻本
較少，也此目可用以考證明清以降，印刷書和出版業的發展情況。

三、《國立中央圖書館善本圖書為捲書目索引》

此索引主要著錄中央圖書館所收藏善本圖書微捲目錄第一號至第二十
號，並於書尾附錄嘉興楞嚴寺方冊藏經九千九百零九卷。其著錄方法較以往
善本書目著錄不同，非於微捲著錄宋版、元版或舊監本、抄本等，而是於每
微捲前加著「新刊」、「重刻」等，以註明此微卷版本，如：

（新刻初像音註）《商輅三元記》〔註83〕

（重刊）《許氏說文解字音韻譜》〔註84〕

（新刻）《許海嶽精選分類秦漢文粹》〔註85〕

（新刊）《許海嶽精選三蘇文粹》〔註86〕

（新鍥）《宗先子相文集》〔註87〕

四、《靜嘉堂文庫漢籍分類目錄》

日本靜嘉堂文庫是三菱財團第二代社長岩崎彌之助及其子小彌太兩代創
立，所收集的書目多為中國經書、子書古籍，獨缺史、集兩部。其購得中國
善本書，多源於清陸心源於皕宋樓所收藏的宋元版本，光緒三十年（1904）
左右，因陸心源二子，陸樹藩所管理之絲廠不堪日本同業競爭而倒閉，為了

〔註81〕 同上，頁 480。

〔註82〕 同上，頁 1201。

〔註83〕 《國立中央圖書館善本圖書微捲目錄索引》（台北市：國立中央大學圖書館編
印，中華民國七十三年六月版），頁 205。

〔註84〕 同上

〔註85〕 同上

〔註86〕 同上

〔註87〕 同上，頁 109。

解救家境，於是變賣家中珍貴古籍，也就是中國藏書史上所謂的「皕宋樓事件」，當時日本漢學家島田翰、田中青山、重野成齋赴上海與陸樹繁訂議，四月商訂，五月檢書，六月陸氏之書四萬多冊以船舶載回日本，由嘉靜堂收藏之。 明治四十三年（1917），將所購陸氏藏書根據《皕宋樓藏書志》加以檢點，編成《靜嘉堂秘籍志》五十卷。《靜嘉堂文庫漢籍分類目錄》編於昭和四年（1961），收錄昭和三年十二月以前靜嘉堂所有漢籍，以陸氏藏書及日本諸家舊藏爲主，目錄分類大體仿《四庫全書》〔註88〕。一九二二年又編《靜嘉堂文庫宋元圖錄》，收錄文庫現藏宋版、元版，共計二百五十三部的圖版及解題，分爲三冊。

　　書目於編排的方式，除了按傳統的經、史、子、集分類，並於書目中著錄版本，其序中云：「本目錄出於各書之原則、書名、篇者姓名、版本的寫作性質、卷數、冊數等省略記載。」〔註89〕現就部分書目舉例說明：

　　　　《周易》十卷，魏王弼，盡韓康伯著，民國一六刊，（影宋）。〔註90〕

　　　　《周易兼義》，（周易註疏）九卷，《略例音義》各一卷，魏王弼，

　　　　晉含康伯注，孔引達疏，宋刊（元修）。〔註91〕

　　　　《毛詩品物圖攷》七卷，岡元鳳撰，天明刊。〔註92〕

　　　　《活版經籍考》十卷，幸島宗意撰，元錄一五刊。〔註93〕

　　　　《諸藩藏板書目筆記》四卷，東條耕撰，寫。〔註94〕

此書目不僅將中國書目著錄版本，日本的相關書籍也著錄版本，可說是明顯受到版本目錄學的影響。

　　「版本目錄」自尤袤以後發展爲一門專門的學科，後人藉由閱讀書目，除了可以清楚了解各個朝代古籍的刊刻、流通、收藏和存佚情況，還可以用於鑒別手中古籍的版本、年代，判定它的文物價值和學術意義。民國以後更成爲專門學問，陳先行《中國古籍稿抄校本圖錄》對版本學有這樣一段敘述：

　　　　古籍版本學是一門應用科學，它主要以客觀存在的各種古籍版本爲

〔註88〕日本靜嘉堂文庫編纂，《靜嘉堂文庫漢及分類目錄正續》〈嘉靜堂文庫略史〉（台北市：進學書局，1969 年），頁 1～7。

〔註89〕同上。

〔註90〕同上，頁 3。

〔註91〕同上。

〔註92〕同上，頁 57。

〔註93〕同上，頁 328。

〔註94〕同上。

研究物件，根據各版本形制、文字上的特徵與異同，鑑別版本眞僞，區分版本優劣，爲人們解決閱讀、整理、研究、收藏古籍碰到的版本問題。〔註95〕

尤袤《遂初堂書目》爲首創著錄版本，此舉可說是開「版本目錄」之先鋒，也爲後世講求鑒賞書目打下深厚的基礎。余嘉錫《目錄學發微》云：

然宋代以後目錄書中尚有記版本、錄序跋者，用意甚善，爲著錄書目書者所當採用。

又云：

宋人刻書，易合眾本校讎，《石林燕語》卷八所謂『宋景文用監本手校《西漢》，未題用十三本校』是也。至于公私目錄群書，初不著明何本。自尤袤《遂初堂書目》，始兼載眾本，遂爲後來言版本者之濫觴。〔註96〕

是余氏亦甚推崇尤袤於版本目錄學上之貢獻。

〔註95〕陳先行撰《古籍善本》（台北市：貓頭鷹出版社，2009 年 4 月第二版），頁 12～13。

〔註96〕余嘉錫《目錄學發微》，頁 75～77。

第六章 結 論

尤袤於南宋時期詩、文皆名噪一時。尤氏先祖從福建避禍其姓氏由沈改爲尤後，尤叔保於無錫一帶立基，其後世有尤輝、尤著等人皆名列官位，書香傳家，尤袤乃繼其後而光大門楣，使尤氏一族名揚於世。之後的子孫有尤侗、桐，亦能克紹箕裘，功業與尤袤遙相呼應。

尤袤生於南宋高宗建炎三年（1127），卒於光宗紹熙五年（1194），享年六十八歲，歷事高宗、孝宗、光宗三朝，孝宗尤倚重其才識，不僅兼任國史院及實錄院修撰，甚至官至禮部尚書。孝宗曾稱曰：「如卿才識，近世罕有。」《宋史》本傳也稱他在扶農桑、恪禮儀、揚道學多所貢獻。可惜，光宗後佞臣當道，尤袤因擔憂國事，瘠疾而卒，後謚文簡。

於尤袤交游中，楊萬里爲其摯友，兩人往來酬唱、學術討論或鑑賞圖錄皆共得其樂，尤其是詩歌的唱和中多遊玩戲謔之詞，也可見兩人感情之深厚。由於尤袤僅存著作中並無與時人往來之記載，多賴楊萬里《誠齋集》所載而得知一二，是以研究尤袤生平，需從楊萬里著作入手。

寶慶元年（1225）的一場大火，將尤袤藏書盡毀，現存者僅爲《遂初堂書目》、《文選考異》及殘存部分詩文，幸而由後世子孫尤侗收集各地散落遺文合編成《梁谿遺稿》。另如《全唐詩話》，雖題爲尤袤撰，《四庫全書總目》則明言非尤袤所作，並斷爲賈似道假手廖瑩中剽竊《唐詩紀事》而成。然參考各方資料，皆推論爲尤焴所撰。

尤袤著述中影響後世著作最深乃《遂初堂書目》，其書收錄尤袤珍藏三千餘部圖書目錄，著錄簡略，無小序及序錄，少爲後人所用。但其目錄之體制卻開創許多先例，如：分類上首併先秦諸子於〈雜家〉、著錄中採用一書互見

兩類的「互著法」、並於書目前著錄版本等，爲後世目錄學帶來重大影響，尤其以著錄版本最爲後世稱道。《遂初堂書目》屢經傳抄，今較常見者有《說郛》明鈔本、《四庫全書》收錄之內閣藏書本、《海山仙館叢書》本及《常州先哲遺書》本等，但較容易取得者爲四庫本和海山仙館本。

尤袤《遂初堂書目》首採版本著錄，明清以後，各家藏書皆重宋元刻本，爲了清楚標明其藏書，多效仿《遂初堂書目》著錄版本。到了清朝，甚至發展出「善本目錄」。民國以後，著錄版本的做法不但延續，甚至美國、日本也有相關的善本書目，可見尤袤對後世影響之深遠。

尤袤的成就雖受後世肯定，但因其作品亡佚且可用價值較少，當代研究之人亦少，而能蒐集到的資料也不多。筆者曾親至尤袤故里作田野考察，當地人也不知尤袤爲何許人，遑論收藏其相關資料與書籍。是以本文以現有之相關資料爲基礎，盡可能用較完整的方式整理並考論尤袤生平與著作，希冀藉此研究讓世人多了解尤袤和《遂初堂書目》。

徵引書目

一、史類著作

1. （宋）尤袤撰，《遂初堂書目》（台北：商務印書館《景印文淵閣四庫全書》本，1986 年）。

2. （宋）尤袤撰，《梁谿遺稿》（台北：商務商務印書館《景印文淵閣四庫全書》本，1986 年）。

3. （宋）舊題尤袤撰，《全唐詩話》（臺北縣板橋市：藝文印書館《百部叢書集成》影印本，民國 55 年）。

4. （宋）尤玘撰，《萬柳溪邊舊話》（上海市：商務印書館《叢書集成》，1936 年初編）。

5. （宋）不著撰人，《紹興十八年同年小錄》（台北：商務印書館《景印文淵閣四庫全書》本，1986 年）。

6. （宋）史能之撰，《咸淳毘陵志》（臺北市：成文印書館，民國 72 年）。

7. （宋）呂祖謙撰，《呂氏家塾讀詩記》（上海市：商務印書館 《四部叢刊續編》本，1936 年三編）。

8. （宋）李心傳撰，《建炎以來繫年要錄》（台北：商務印書館《景印文淵閣四庫全書》本，1986 年）。

9. （宋）汪應辰撰，《文定集》（台北：商務印書館《景印文淵閣四庫全書》本，1986 年）。

10. （宋）周必大撰，《文忠集》（台北：商務印書館《景印文淵閣四庫全書》本，1986 年）。

11. （宋）袁說友撰，《東塘集》（台北：商務印書館《景印文淵閣四庫全書》本，1986 年）。

12. （宋）陳傅良撰，《止齋集》（台北：商務印書館《景印文淵閣四庫全書》本，1986 年）。

13. （宋）陳騤撰，《南宋館閣錄》（北京市：中華書局，1998 年七月，第一版）。

14. （宋）陳振孫撰，《直齋書錄解題》（上海：上海古籍出版社，1978 年 11 月第一版）。

15. （宋）陸游撰，《劍南詩稿》（《四部備要，集部》，台北：中華書局）。

16. （宋）陸游撰，《渭南文集》（台北：商務印書館《四部叢刊》本，1965 年）。

17. （宋）楊萬里撰，《誠齋集》（台北：商務印書館《四部叢刊》本，1965 年）。

18. （宋）魏了翁撰，《鶴山先生大全文集》（台北市：商務印書館《四部叢刊》正編，1979 年）。

19. （宋）羅大經撰，《鶴林玉露》（台北市：商務印書館《四部叢刊》，1965 年）。

20. （元）方回撰，《桐江集》（台北：商務印書館《景印文淵閣四庫全書》本，1986 年）。

21. （元）方回撰，《瀛奎律髓》（台北：商務印書館《景印文淵閣四庫全書》本，1986 年）。

22. （元）脫脫撰，《宋史》，〈尤袤〉（台北：鼎文書局，民國 83 年 6 月 8 版），頁 11923。

23. （明）毛扆撰，《汲古閣珍藏秘本書目》（上海市：商務印書館《叢書集成》，1936 年）。

24. （明）晁瑮撰，《晁氏寶文堂書目》（上海市：古典文學出版社，1957 年 12 月第一版）。

25. （明）陳第撰，《世善堂藏書目》（上海市：商務印書館《叢書集成》，1936 年）。

26. （明）黃宗羲撰，清全祖望補，《宋元學案》（台北市：華世出版社，1987 年）。

27. （清）于敏中、彭元瑞撰《天祿琳瑯書目》（揚州市：江蘇廣陵古籍刻印社）。

28. （清）尤侗撰，《西堂雜俎》（台北：廣文出版社，1970 年）。

29. （清）王鳴盛撰，《十七史商榷》一百卷（台北市：樂天出版公司，民國 61 年 5 月）。

30. （清）季振宜撰，《季滄葦書目》（上海市：商務印書館《叢書集成》，1936

年）。

31. （清）紀昀等編纂，《文津閣四庫全書提要匯編・史部》（北京市：商務印書館，2006 年 1 月）。

32. （清）永瑢、紀昀等纂《四庫全書總目提要》〈史部目錄類一〉（台北市：台灣商務出版社，民國 72 年 10 月）。

33. （清）紀昀等撰《四庫全書》，〈陸放翁年譜〉（台北：商務印書館《景印文淵閣四庫全書》本，1986 年）。

34. （清）徐松撰，《宋會要輯稿》（台北：新文豐出版社，民國 65 年）。

35. （清）黃印撰，《錫金志小錄》（臺北市：成文出版社，民國 72 年）。

36. （清）黃蛟起撰《西神叢話》（台北：廣文出版社，1968 年）。

37. （清）盛宣懷《常州先哲遺書・梁谿遺稿》（台北縣板橋市：藝文出版社《四部分類叢書集成》，民國 60 年）。

38. （清）張之洞撰，《書目問答》（上海市：商務印書館，中華民國 23 年 10 月第 3 版）。

39. （清）葉德輝撰，《書林清話》（台北市：世界書局印行，1961 年）。

40. （清）錢謙益撰，《絳雲樓書目》（上海市：商務印書館《叢書集成》，1936 年）。

41. （清）錢曾撰《讀書敏求記校證》，管庭芬、章鈺校證（上海：上海古籍出版社，2007 年第一版）。

二、當代學術著作

1. 尤偉撰，《遂初堂叢談》（台北縣：板橋天工書局，2002 年 6 月 20 日初版）。

2. 王重民輯錄，袁同禮重校，《美國國會圖書館藏中國善本書目》（台北縣永和市：文海出版社有限公司印行，中華民國 61 年 6 月初版）。

3. 日本靜嘉堂文庫編纂，《靜嘉堂文庫漢及分類目錄正續》〈嘉靜堂文庫略史〉（台北市：進學書局，1969 年）。

4. 朱迎平撰，《宋代刻書產業與文學》（上海市：上海古籍出版社，2008 年 3 月 1 日版）。

5. 余嘉錫撰，《目錄學發微》（北京市：中國人民大學出版社，2004 年 9 月第一版）。

6. 李裕民撰，《四庫提要辯證》（台北市）：中華書局，2005 年 9 月第一版）。

7. 昌彼得、潘美月合撰，《中國目錄學》（台北市：文史哲出版社，中華民國 75 年 9 月初版）。

8. 陳先行撰，《古籍善本》（台北市：貓頭鷹出版社，2009 年 4 月第二版）。

9. 張家璠、閻崇東主編,《中國古代文獻家研究》(廣西:廣西師範大學出版社)。

10. 趙昌智、顧農主編《李善文選學研究》(揚州市:廣陵書社 2009 年 4 月,第一版)。

11. 潘美月撰,《宋代藏書家考》(北市:學海出版社,中華民國 69 年 4 月)。

12. 蔡文晉撰,《宋代藏書家尤袤》(臺北縣永和市:花木蘭文化工作坊,2005 年初版)。

13. 劉兆祐撰,《中國目錄學》(台北市:五南圖書出版有限公司,2002 年三版)。

14. 《國立北平圖書館善本書目》(台北市:國立中央大學館編印,中華民國 58 年)。

15. 《國立中央圖書館善本圖書微捲目錄索引》(台北市:國立中央大學圖書館編印,中華民國 73 年 6 月版)。

三、期刊論文

1. 牛紅亮撰,〈南宋藏書家尤袤與遂初堂藏書〉,《圖書館學刊》第四期(瀋陽市:遼寧省圖書館,2000 年)。

2. 吳洪澤撰,〈尤袤詩名及生卒年解析〉,《文化遺產》第三期(北京市:中國文物報社,2004 年)。

3. 吳洪澤〈尤袤著述考辨〉(成都:四川大學《歷史文獻學卷》,2006 年八月初版)。

4. 吳洪澤撰,〈尤袤年譜〉(《宋代文化研究》第三輯,四川大學出版社,1993 年),頁 308〜335。

5. 姚偉鈞〈尤袤與《遂初堂書目》〉,《歷史文獻研究》總第 18 輯(武漢市:華中師範大學出版社,1999 年)。

6. 張艮撰,〈尤袤交友考略〉,《東山師範學院學報》第 23 卷 第 9 期(浙江:教育廳,2009 年 9 月)。

7. 張艮撰,〈尤袤文集首刻時間考及其詩文辨僞輯佚〉,《古籍整理研究學刊》第一期(長春市:東北師範大學古籍整理研究所,2008 年 1 月)。

8. 何廣棪撰,〈尤袤與陳振孫一段學術情緣〉,《遂初堂叢談》。

9. 陳義成撰,〈南宋四大家間交游考〉,《逢甲大學社會學報》第六期(台中:逢甲大學人文社會學院,2003 年 5 月)。

10. 陳垣撰,〈與畢業同學談談我得一些讀書經驗〉,《中國青年》第十六期(1961 年)頁 3。

11. 曾貽芬、崔文印撰,〈宋代著名私人藏書目〉,《史前史研究》第四期(北

京市：北京師範大學出版社，1991 年增補）。

12. 陶寶慶撰，〈尤袤、萬卷樓、《遂初堂書目》〉，《四川圖書館學報》第三期（四川省成都市：四川圖書館學會，四川圖書館學報社，1983 年）。

13. 陶寶慶撰，〈尤袤與萬卷樓〉，《文物天地》，第三期（成都：四川大學出版社，1985 年）。

14. 黃燕生撰，〈宋代藏書家尤袤〉，《圖書館雜誌》第二期（上海市：上海圖書館學會，1984 年）。

15. 錢業新撰，〈尤袤《遂初堂書目》初探〉《圖書館學刊》第二期（瀋陽市：遼寧省圖書館，1986 年），頁 203～210。

尤袤故居——「遂初堂」

萬卷樓外景

萬卷樓內匾額（二樓）

　　萬卷樓位於無錫「錫惠公園」二泉下池南側一座二層小屋。樓下有遂初泉，樓後有遂初堂，是紀念南宋禮部尚書兼侍讀尤袤而建。而現在萬卷樓與遂初堂皆為茶館，除匾額外，無任何可供參考之文獻。

遂初堂內碑文

雖讀之。以當肉，寒讀
之。以當裘。孤寂而讀
之。以當朋友。幽憂而
讀之。以當金石琴瑟也。
——楊萬里撰益齋藏書目序

錫麓書院

書院與遂初堂以長廊「垂虹廊」相連接，相傳為尤袤讀書處。現「垂虹廊」則為喝茶聊天之用。

遂初堂與萬卷樓中間有一井，即為「遂初泉」，然已雜草叢生。

無錫梅山公墓──尤袤墓

墓碑後刻文

由入口處以照尤袤墓全景——最上頭爲尤袤墓

田野調查後記

2009 年初春假年假期間，二度前往無錫。此次行程主要為找尋尤袤「遂初堂」、「萬卷樓」及墓地。雖於行前查詢相關資料，已知尤袤祠堂位於惠山二泉附近，但至錫惠公園天下二泉處，卻遍尋不著尤袤祠堂蹤跡。途中曾攔下數位該地導覽員，問其祠堂位置，導覽員皆不知尤袤為何人，亦不知遂初祠堂，只知有一萬卷樓茶館，位在天下第二泉下左側。於是我們再度回天下第二泉下，左側處果然見一萬卷樓茶館，館內為販賣零食雜物的店鋪。我大膽走入館內，發現裡面即為「遂初堂」，又見一牌匾，匾上刻尤袤畫像及事蹟，另一牌匾則寫「飢讀之，以當肉。寒讀之，以當裘。孤獨而讀之，以當朋友。幽憤而讀之，以當金石琴瑟也。」樓梯間牆上亦有一石匾記載萬卷樓、遂初堂重建事蹟，然館內已無任何文物或文字記載，僅有桌椅與喝茶工具。萬卷樓二樓，也僅剩「萬卷樓」牌匾，亦無任何藏書。詢問館內服務員有關尤氏子孫去向，竟無從答起，一代名家祠堂竟淪為茶館和雜貨店，心中頓時感慨萬分。

尤袤之墓，據史料記載應於錫惠山附近。當天遍尋錫惠山，無尤袤墓蹤跡。為求得該墓正確位置，又轉往無錫文史資料館，適逢春節假日，館內無人值班，門口警衛告知可往對面東林書院尋找。遂轉往東林書院，在東林書院門口購得《錫惠勝景》、《梁溪屐履》等書，並於東林書院內右側書庫中發現《尤氏家譜》，然非特殊關係者無法參閱。當日回飯店後，翻閱諸書，並與《遂初堂叢談》一書相互比對，推論尤袤墓位西孔山與榮德生墓相鄰。次日，先於梅園尋榮德生墓，走遍梅園，亦無所得，問園中一老者，老者僅催我們離去。於是我們再度返錫惠公園，在龍光塔下巧遇一老嫗，老嫗告知錫山墓羣皆遷往梅山公墓，建議我們撥梅山公墓電話詢問，我們即刻撥打梅園公墓，果然探得尤袤墓，便動身前往。梅園公墓管理人員聽我們的口音有閩南腔調，誤以為我們是尤袤子孫，我好奇詢問原因，該員說因每到農曆四月份，尤氏子孫皆回此地掃墓。在管理人的帶領下，見得尤袤墓碑，心中喜悅之情無以言表。可惜當天氣相不佳，陰雨綿綿，先拜祭尤袤後，拍數張照片便依依不捨離去。

此趟無錫田野調查之旅，雖百經波折，但所得成果豐富，可說為終身難忘，但時間不夠充裕，雖知尤氏子孫現居何地，卻無能前往，實為可惜。

2009 年 6 月 30 日補記

尤袤手跡（節錄自尤偉《遂初堂叢談》）

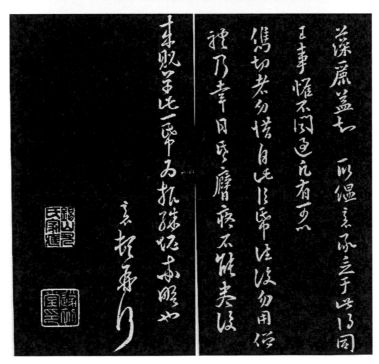

遂初堂書目

經　部

經總類 十九部	成都石刻九經、論語孟子爾雅、杭本易、舊監本尚書、京本毛詩、舊監本禮記、儀禮、舊監本左傳、杭本公羊傳、杭本穀梁傳、舊監本論語、舊監本孟子、舊監本爾雅、舊監本國語、高麗本尚書、江西本九經、六經圖、朱氏新定易、書經春秋古經。
周易類 八三部	周易正義、晁氏古周易、呂氏古周易、吳氏古周易、程氏古周易考、乾鑿度、漢焦氏易林、漢京氏易傳、易緯、郭璞洞林、易元包、關氏易傳、關氏洞極經、王弼窮微論、易髓、唐陸希聲易傳、周易玄談、易外義、易啓玄、易啓源、易銓、唐李鼎祚易、易舉正、易物象辨疑、陸希聲易微旨、麻衣道者易、易索、皇甫右丞易、大易粹言、劉牧易傳、劉牧易數、劉牧易數鉤隱圖、程氏易傳、繫辭精義、橫渠易說、游定夫易說、李郁參同契、陳氏辨鉤隱圖、張弼易傳、了齋易說、朱子發易、說掛圖、呂與叔易傳、許松老易傳、晁說之太極外傳、董氏易傳、鄭氏易窺餘、鄭陳卿易疑難圖、陳氏易傳、胡氏易演聖通論、石介口義、歐氏童子問錢述易、說易通易疑問、李舜臣易半傳、李莊簡易說、李直院易解、程氏尚書易原、李直院易解、玉泉易解、張忠獻易、誠齋易、程廻易章句、林黃中易傳、程廻易古占法、程廻古氏易傳、金華先生易辨疑、李氏易辨正、王存易解、齊博氏易解、四先生易解、易義海、易訓說、歸藏經、坤鑿度、周易涌掛驗、卜子夏易傳、張弼解卜子夏易傳、晉干寶易解、魏管輅易傳、唐一行易集解、易龜圖、王文公易傳、蘇文仲易傳、楊龜山易傳。
尚書類 十八部	古文尚書、尚書大傳、汲冢周書、三墳書、三皇書、續尚書、尚書正義、蘇氏書傳、葉氏書傳、吳氏書裨蒙、几疇圖、胡氏書演聖通論、吳氏書傳、程尚書禹貢圖論、尚書治要圖、王文公書傳、胡氏書傳、孫氏書傳。
詩　類 二一部	鄭氏詩譜、韓詩外傳、陸璣草木蟲魚疏、鮮于侁詩傳、毛詩正義、唐成伯璵詩指說、成伯璵詩斷章、唐張敘詩別錄、宋咸毛詩正紀、歐陽氏詩本義、歐陽氏續詩譜、裴氏詩集傳、吳棫毛詩補音、董氏詩故、橫渠詩說、范太史詩解、蘇黃門詩解、詩德義、朱氏集傳稿、陳少南詩解、呂氏讀詩紀。
禮　類 五九部	大戴禮、禮記正義、周禮疏、儀禮疏、陸右丞儀禮正義、呂與叔禮記解、李氏禮記精義、十先生中庸解、二郭中庸說、龜山中庸解、胡安定中庸說、玉泉中庸大學、朱氏中庸說、四光生中庸大學解、陸左丞禮書、陳祥道禮書、禮論、禮記外傳、深衣制度、余希文井田王制圖、三禮義宗、聶崇義三禮圖、太平總要、周禮名數圖、呂與叔中庸再解、江都集禮、唐開元禮、開元禮義羅、禮義鏡、開元義鏡、開元禮百問、五禮精義、禮閣新儀、續曲臺禮、杜氏禮署、直禮、三禮圖駁議、開寶通禮、太常新禮、太常因革禮、政和冠婚喪禮祭儀、政和五禮新儀、政和五禮新儀攝要、郊廟奉祀禮文、中興禮書、紹興禮器圖、古今家祭祀、四家禮範、二禮雅言、五禮考亡、續禮義、廟議釋疑、朱子發廟議、王普廟議、吳仁傑禘祫議、帝王經世圖譜、陸右丞相禮象圖、王文公周禮新經、李格非禮記精義。

樂　類二七部	樂髓新經、古今樂錄、歷代樂議、樂苑、大樂令壁記、樂本書、大樂圖義、大樂指掌、三均手法、樂要、補亡樂書、樂府雜錄、樂府解題、胡瑗樂議、皇祐廣樂記、景祐廣樂圖記、皇祐景樂議、元豐大樂記、大晟樂書、吳仁傑樂舞新書、琵琶錄、樂府古題要解、續樂府解題、元祐樂議、元祐祀典樂歌、琴經、止息譜。
春秋類五十部	春秋穀傳并釋文國語、左氏膏肓、春秋決記比、春秋繁露、汲冢春秋、隋劉炫左氏述議、杜氏釋例春秋、公子血脉譜、左氏正蒙、公羊正議、唐陸淳纂例、陸淳微旨、陸淳辨疑、唐陸希聲通例、春秋加減、唐盧仝摘微、春秋名例、孫復尊王發微、鄒浩春秋邦典、春秋四譜、胡旦演聖通論、劉氏權衡意林說例并傳全、孫氏傳、葉氏傳、蘇氏傳、胡氏傳通例通旨全、佳氏傳本例要全、許嵩老傳、王文公左氏辨、春秋五代例宗、高柳崇傳、伊川程氏傳、劉絢春秋學、王彥光集傳、朱長文通志、畢良史正辭、王鎡門例通解、張忠獻春秋說、林栗集傳、程廻顯微例目、蕭子荊春秋經辨、洪忠宣春秋紀錄、春秋列國諸臣傳、左氏事類、春秋經傳類賦、春秋年表、名號歸一圖、春秋總論、春秋會議、春秋穀梁正義。
論語類三四部（孝經、孟子附）	古文孝經、鄭玄著孝經、唐明皇註孝傳、司馬溫公古文孝經解、范太史古文孝經、蔡子高註孝經、孝經疏、孔子家語、古註論語、晉欒肇論語駁、梁王侃論語疏、論語正蒙、韓文公論語筆解、宋咸註論語、王逢原語孟解、程氏語孟解、龜山論語解、潁濱論孟拾遺、五峰論孟指南、晁以道論語講義、許嵩老論語訓詁、張南軒論語說、王居正論語感發、吳材老論語續解并考異、尹和靖孟子解、論孟集義、王元澤論語解、湍石論語解、葉氏論語釋言、史丞相論語口義、王信伯論語解、七家孟子講義、蘇文忠論語傳、呂血叔論語解。
小學類四六部	郭璞注爾雅、孫炎注爾雅、孔鮒小爾雅、晉張博楬雅、陸佃埤雅、爾雅正義、呂忱字林、劉熙釋名、揚雄方言、吳顧夷義訓、舊監本許氏說文、徐鍇說文、急就章句、開元文字音義、五經文字、九經字樣、陸德明經典釋文、群經辨音、顏之推正俗音字、干祿書、郭氏佩觿、王氏引經字說、字說解、字說分明、玉篇、廣韻、分韻玉篇、類篇、廣韻考正、四聲韻類、聲韻累類例、龍龕手鑑、班書韻篇、夏英公古文韻、徐鍇說文篆韻、古篆韻、王氏續古文韻、鐘鼎千文、張有復古編、篆注韻、隸續隸釋、隸韻、韋昭辨釋名、吳械補韻、張有重編說譜、王元澤諸經爾雅。

史 部

正史類 二六部	川本史記、嚴州史記、川本前漢書、吉州本前漢書、越州前漢書、湖北本前漢書、川本後漢、越本後漢書、舊杭本三國志、舊杭本晉書、川本三國志、川本晉書、舊本晉書南史、舊本北史、宋書、南齊書、梁書、陳書、魏書、北齊書、後周書、舊杭本前唐書、舊杭本後唐書、川本小字舊唐書、川本大字舊唐書、舊五代史。
編年類 三七部	竹書紀年、袁宏後漢紀、晉陽秋、晉春秋、魏典、宋略、梁太清紀、唐歷、太統略、馬總統略、續通歷、古今通要、稽古錄、續稽古錄、歷代累年、歷年圖、紀年通譜、續紀年通譜、編年通載、帝王詮要、晁氏紀年、歷代年運、疑年譜、古今年號錄、通鑑外紀、五代開皇紀、川本小字通、川本大本通鑑、通鑑目錄并考異、通鑑舉要歷、通鑑釋文、通鑑紀事本末、荀說漢紀、帝文照略、續帝王寶運錄、兩朝編年、通鑑前例。
雜史類 七六部	古文、高氏小史、舊杭本戰國策、遂初先生手校戰國策、姚氏戰國策、鮑氏補注戰國策、戰國策補注、越絕書外傳、東觀漢紀、春秋後語、帝王世紀、九州春秋、吳越春秋、姬吳書、北齊史略、大業拾遺書、大業雜記、煬帝開河記、隋季革命記、唐創業起居注、貞觀政要、平陳記、太宗建元事迹、高宗成祚實迹、開元傳信記、明皇雜錄、開寶遺書、明皇幸蜀記、明皇編遺錄、天寶西幸略、唐補記、東觀奏記、唐補史、唐闕史、已卯記、甘露野史、唐中興新書紀年、彭門記亂、薊門紀亂、邠志、燕南紀、妖亂志、建中河朔紀、河洛春秋、河洛紀、江淮紀亂、天祚永歸記、平蔡錄、奉天錄、方鎮錄、貞觀遺事、開成承詔錄、唐年小錄、異域歸忠傳、元和朋黨錄、大和辯謗錄、汴水滔天錄、金鑾密記、唐末汎聞錄、傳載、會昌伐叛錄、咸通解圍錄、五代史補、五代遺錄、新野史、五代史闕文、天下大定錄、入洛記、莊宗召禍記、范質石晉陷番記、越絕書、三國典略、續小史、吳競唐備闕記、河南記、唐國史纂異。
故事類 十五部	唐朝綱領圖、元和國記錄、唐國鏡、歷代宮殿名、文宗朝備問、卓絕記、續卓絕記、文章盛事、賓佐記、景龍文館記、唐選舉要、唐登科記、五代登科記、本朝登科記、皇族登科記。
偽史類 二五部	華陽國志、和苞漢起記、十六國春秋、三十國春秋、江表志、十國紀年、十國載記、五國故事、九國志、三楚新錄、吳越會粹、澠上英雄小錄、燕書、蜀記、劉氏興亡錄、楚錄、南唐書、釣磯立談、蜀檮杌、江南野史、南唐近事、錢鏐備文、天下大定錄、東海三國通錄、蜀書。
國史類 八二部	三朝國史、兩朝國史、四朝國史，神宗國史、哲宗國史、奏陵國史臣傳稿、李秀巖國史臣傳稿、史館修四朝臣傳稿、續通鑑長編、續長編舉要并攷異國記、東朝事略、九朝通略、續千要、聖政編年、兩朝寶

	訓、三朝寶訓、君臣正要、仁皇訓典、神宗聖訓、高宗聖政、孝宗聖政、徐蠍紹興聖政寶鑑、趙善防孝宗正要贊、五朝隆平集、國朝事實、國朝撮要、分門要覽、太平盛典、兩朝編年、祖宗故事、秦陵玉牒、元祐七年八年日歷、熙寧日歷草、裕陵中書時政記、神宗御札、神宗學士院御批、濮議、元符時政記、永熙寶訓、元祐詔旨、哲宗日錄辨証黨人記、紹聖指揮、元符紹聖間筆錄、元祐建中宮錄、瑤華廢復記、元符行遣節目、宣仁日歷、宣仁事實、紹聖錄、符建錄、崇寧錄、靖康雜錄、皇祐平蠻錄、甘陵誅叛錄、征南錄、平蜀錄、邇英記注、欽宗與吳敏御筆、北征記實、兩朝交聘書、大觀詔令、中興日歷、中興記、崇寧行遣人上書指揮、建炎龍飛記、趙丞相扈從錄、元帥府事、復辟詔冊、張參政省記建炎時政、崔邦彥記聖語、巫及記聖語、孫近李光等記聖語、張浚王陶等省記時政、祈清語錄、回鑾事實、紹興雜錄、岳侯斷案，錢處和通好事節、呂源增釋故事、御製蔡確傳、錢處和淮東宣諭錄、丙錄。
雜傳類 四七部	穆天子傳、王子年拾遺、漢武故事、漢武內傳、西京雜記、梁西公記、趙飛燕外傳、楊太眞外傳、則天外傳、牛羊日歷、漢刁間傳、唐柳氏敘訓、西朝獻替記、中樞龜鑑、郭汾陽家傳、李鄴侯家傳、相國事傳、彭國公故事、杜宗歷官錄、許國公勤王傳、烈女錄傳、文士傳、高士傳、正始名士傳、襄陽耆舊傳、會稽先賢傳、考史、會稽光賢傳、三相遺書、昭義記室別錄、零陵先賢傳、高力士外傳、楊貴妃遺事、梅妃傳、中朝故事、李靖行狀、狄梁公家傳、顏魯公行狀、顏魯公歷官傳、顏常山別傳、段太尉別傳、陶隱居傳、彭城公遺事、杜悰事迹、燕吳行役記、江淮異人傳、別本高士傳。
本朝雜史 七八部	建隆遺事、祖宗獨斷、溫公記聞、溫公朔記、儒林公議、王文公日錄、曾子宣日錄、蔣穎叔逸史、林子中野史、蔣穎叔日錄、續逸史、蔡條國史後補、曾子宣正錄、溫公齋記、王巖巾叟繫年錄、錢文僖筆錄、錢文僖辰錄、趙康靖日錄、呂正獻手記、歐公日記、溫公瑣語、宋序、王文公日錄遺稿、王文公送伴錄、王陶東宮記事、歐公奏事、曾南豐雜職，呂吉甫日錄、曾子宣手節記、文潞公私記、李深之手記、范太史史院問目、永樂城事、陳瑩中尊堯集、野史、北狩行錄、痛憤錄、靖康京城事實、敗盟本末、吳敏靖康記事、北狩見聞錄、禍胎記、沈珵南歸錄、華夷直筆、亡遼錄、靖康夜話、朝野僉言、幼老春秋、入燕錄、史略、避戎錄、北記、金國文具錄、平江錄、辭筆編、水心鏡、中興遺文、中興小律、維陽過江錄、順昌破敵錄、淮西從軍記、宣幨紀事、鼎澧聞見錄、渡海遭變錄、辛巳叛盟錄、回天錄、紹興瀘南兵變錄、瀘南賤天錄、泣血錄、泣血拾遺、痛定錄、內禪錄、陷燕錄、順昌紀事。
本朝故事 五四部	中書備類、蜀公事始、近事會元、元圭議、鑄錢故事、浸銅要略、慶歷軍錄、邇英要覽、元祐講筵謝御書表，元祐東宮錫函錄、政和曲燕記、誕聖錄、溫公河外諮錄、濮議墨守、皇裕平蠻記、裕陵五使長牋、建中靖國進故事、涇原分將論列、元祐分疆錄、元祐棄地復地本末、青唐錄、隴右錄、沈黎備邊錄、富文忠青州賑濟錄、皇親故事、華戎魯衛信錄、

	戴斗奉使錄、王介甫送伴錄、皇祐會計錄、元祐會計續錄、張芸齋使遼錄、治平經費節要、淳熙國計錄、錢秦魯長主奉使錄、乾道國用司月給數、淳熙七年財用錄、戶部諸道歲收數、左藏西庫約支、至和發運茶鹽須知、國朝運糧數、熙寧發運司事目、國用司錢米會子出納數、景德皇祐祈雨詔書、四川宣司財賦兵馬數、廣文隨志、利路營田事目、張貴謨坑治利害、王渥川秦馬正邊防錄、慶曆編類、勳匿姓名錄、淳熙明堂大饗慶成詩、富貴奉使錄、富貴奉使別錄、劉原父奉使錄。
本朝雜傳 六五部	本朝名臣言行錄、名賢遺範錄、王文政家錄、富文忠家傳、范文正遺事、張齊賢家傳并誌、呂文靖事狀、呂文穆論告行狀、丁晉公雜錄、歐公履歷告命、韓魏公家傳別錄遺事、追榮考德受業集、呂正獻十事、唐質蕭遺事、韓魏公事實、韓莊敏遺事、申國春秋、了齋言行錄、豐相之遺事、范太史家傳并遺事、韓儀公行狀、孫溫靖告并神道碑、龔原行狀、晁以道家傳、山谷家乘、周憻行狀、范忠宣行錄、劉元成言行錄、胡安定言行錄、王棣家傳、王岐公家辨誣、邢恕自辨錄、章申公家辨誣、張叔夜勤王記、陳窺德安守潔錄、滕公守台錄、陳東事實、趙元鎮自述、向伯恭行狀、滕茂實大節集、鄭剛中家傳、中興忠義錄、南軒相行實、胡文定五峰行會、梁丞相行實、史彌大言行錄、劉安城家傳神道碑、晏郭復行錄、王文政遺事、寇萊公遺事、張芸叟南遷錄、葉少蘊自序并制誥錄、福建盜賊須知、淮南措置事目、西鎮還山書稿、游師雄事迍、趙元鎮事實、陳樂間事實、李了齋白撰墓志并序、呂元直遺事、勤王記、逢辰記、王沂公言行錄、張忠定語錄、安原卿行實、張右史事實、劉極行錄、邢恕事實。
實錄類 二二部	建康實錄、唐十五帝實錄、唐懿祖獻祖紀年錄、梁太祖實錄、漢高祖隱帝實錄、唐莊宗明宗廢帝閔帝實錄、晉高祖少帝實錄、周太祖世宗實錄、太祖皇式記、重修太祖實錄、太宗實錄、眞宗實錄、仁宗實錄、英宗治平治要、神宗實錄、朱墨本神宗實錄、紹興重修神宗實錄、蔡卞所修哲宗實錄、重修徽宗實錄、欽宗實錄、孝宗起居注。
職官類 七四部	應仲豫漢官儀、漢官制、漢官典儀、劉貢父漢官彩選、歷代官號、唐六典、唐興百官職紀、唐任職官品纂要、唐杜英師職該、唐百司舉要、唐祿令、職官要錄、職官分紀、職林、官職林、職官源流要錄、唐典備對、皇宋百官圖、官制舊典、官制沿華、官制正誤、職官記、溫公官制學制遺稿、本朝官制、官制新典、官制格目、三省囊括、具員故事、淳熙裁減舉員數、契丹官儀、欽定大定官制、披垣蕘志、集賢注記、唐翰林志、本朝翰林續志、金坡遺事、翰林舊規續志又雜志、金馬統志、翰林盛事、學士年表、翰苑羣書、文昌雜錄、史館故事、唐御史臺記、御史臺故事、御史臺囚話錄、御史臺記事、直廳雜儀、合班儀、本朝重定合班儀、臺儀、咸通御史臺板榜、開運出入儀、本朝御史臺記、館閣錄、中興館閣錄、翰林雜抄、三司條約、熙寧番守官東院編敕、續史館故事、元祐戶部格目、蓬山志、麟臺故事、縣務綱目、呂觀文治縣法、江左諸鎮年表、宰輔拜罷表、宰相樞府拜罷表、宰相拜罷編年引木栝、管庫年表、皇朝百官公卿表、中興百官題名、宰輔年表。

儀注類四五部	漢舊儀、漢蔡邕獨斷、崔豹古今注、服飾變古元錄、、顏魯分歷古創儀注、馬鎬中華古今注、漢制藂錄、皇朝太常儀注、閣門儀制、本朝儀物、唐郊祀錄、本朝歲時總類、朝制要覽、南郊式、宣和鹵簿圖、宇文粹言修鹵簿圖、元祐建中宮記、合班儀、六家謚法、王彥威續謚法、唐鄭餘慶書儀、江亭記、皇朝謚錄、尊號錄、唐孟詵徐潤家祭禮、孫氏仲享儀、司馬氏事書儀、呂氏鄉約鄉儀、六家祭儀、高氏厚終禮、朱氏十書、元祐納后儀、永昭永穆陵儀、國朝皇堂紀要、州縣祀儀、寢祀儀、紹興明堂儀注、紹興郊祀大禮儀注、紹興籍田儀注、紹興四孟朝獻儀注、紹興祀郊褅儀注、紹興上皇太后冊寶儀注、紹興中宮受冊儀注、紹興大朝會儀注、玉溍郊祀錄。
刑法類三一部	刑統、律文、開元格并律令、唐式、開寶格、天聖令、元符敕令、熙寧審官東院編敕、吏部七司法、七司式、大觀中書敕令格式、政和中書門下敕令格式、乾道重修三省院敕令格式申明官誥院一司條格常平役法、淳熙常平茶鹽敕令建炎元年以後續降、紹興二十七年至三十一年春頒紹興二年春頒條令總類、金科類要、賢錄、金國刑統、金國需知、折刑龜鑑、刑名畫心集、金科易覽、士民指掌、檢驗法、中書條例格式、熙寧大禮寺斷例。
姓氏類三三部	元和姓纂、十史姓纂、千姓編、古今姓氏書、梁元帝古今人同姓名錄、唐孔至姓氏雜錄、詹百家類例、唐和沙編古禽氏錄、諱行錄、警年錄、仙源積慶圖、本朝宗室圖譜、闕里圖系、孔子編年家譜、東家雜記、本朝人物志、皇朝百族譜、紹興臣僚類姓三完呂氏世譜、胡氏世譜、陶氏世譜、東平劉氏世譜、趙清獻家譜、尤氏世譜、玉牒行移、唐王孫郡王譜、大唐氏譜、宰相甲族、十四家貴族、帝王世系、唐丘光廷古賢姓名相同錄。
史學類四九部	史記音義、史記正義、史記索隱、集注天官書、前漢考異、蕭該漢書音義、漢書句字、三劉漢書、漢書問答、漢書講解、律歷志辨疑、劉氏兩漢刊誤、唐書音訓、唐書糾繆、唐書直筆新例、唐書須知、集校西漢書、劉知幾史通、劉餗史例、邵必史例總論、趙彥若史例論、通鑑問疑、兩朝實錄例、歷代史贊、兩漢博文、荀悅漢紀節要論、兩漢補遺、王遇漢遺、漢雜事、東漢質疑、唐書手抄、范太史唐鑑、石守道唐鑑、孫之翰唐論、胡氏讀史管見、通鑑分約、程迥文史評、了齋約論、史記法語、西漢法語、班史英華、班左誨蒙、漢雋、班史名物編、東漢年表、晉書音義、史記折微、五代史纂誤。
目錄類二九部	唐藝文志、康母暖音煖音今書錄、梁阮孝緒七錄、經史釋題、群書備檢錄、皇祐秘閣書目、皇祐史館書目、崇文總目、秘閣四庫書目、嘉祐永遺書、中興館閣書目、鄱陽吳氏書目、李邯鄲書目、邯鄲圖書十志、廣川董氏藏書志、趙氏金石錄、川中書目、川郡金石錄、諸道碑目、京兆金石錄、皇祐碑籍、葉石林書目、歐陽氏集古錄、晉湯王氏碑目、浯溪古今刻集錄、資古詔志錄、秘閣書畫器物目、內府碑錄、重修唐書碑目。

地理類 一八五部	祕閣本山海經、池州本山海經、郭璞山海經圖贊、水經、神異經、十洲經、三輔皇圖、關中記、豫章古今記、鄴城記、鄴都故事、吳池記、東京新記、梁顧野王地興記、兩京新記、南朝宮苑記、南方異物志、晉稽含南方草木狀、張勃三齊記、城冢記、唐列聖國陵記、十道四蕃記、皇華四達記、元和郡國圖志、坤元錄、山水志、唐四夷朝貢錄、西京道里記、唐夷狄貢錄、洛陽伽藍記、方興志、大平寰宇記、皇朝九域志、輿地廣記、地里指掌圖、唐沈懷遠南越志、武夷諸山記、清溪山記、潮說、北戶雜錄、唐王休璉鄱陽記、唐李佑西南備邊錄、陸廣微吳地記、金陵六朝事迹、魏瀨鄉記、唐太清宮簡要記、張氏燕吳行役、唐房千里投荒雜錄、蜀程記、峽程記、范文正公堰記、姑蘇水利、李重導河形勢書、江行圖、東京志、洛陽志、長安志、相臺志、夢華錄、洛陽名園記、吳船錄、舊本鄭州圖經、舊本杭州圖經、建康志、襄陽志、成都志、成都古今集說、嘉禾志、章貢志、東陽志、舊越州圖經、新修紹興圖經、新安志、同心志、蒲陽志、延平志、泰州圖經、旴江志、秋浦志、荊門志、嚴州圖經、閩中志、姑熟志、天台圖經、常州圖經、毗陵風土記、江西諸郡圖經、無錫志、宜興志、豫章職方　、道州圖經、台州三縣志、長沙志、鎮江圖經、豫章古今志、春穀志、長樂志、江陰志、潘洞常州圖經、吳郡續圖經、衡州圖經、括蒼志、郴江志、岳陽風土紀、秦州志、天台山圖、丹丘仙迹、洞庭記譜、南嶽小錄、會稽洞天記、南嶽尋勝錄、又總勝錄、羊角山慶唐觀記、湘川記、廬山記、九疑攷古、徽州黃山圖經、大滌洞大眞境錄、大台小錄、霍山記、九華錄、三茅記、江夏辨疑、封州圖經、汪王事實、張王顯應事實、嶺外代答、邕管雜記、嶺表錄異、雲南志、皇祐平蠻記、互市諸蠻記、廣東志會要、西南諸蠻蕃記、邕管溪峒雜記、泉南記、鄧嘉猷西南備邊錄、李仁甫論西南夷事、契丹機宜通要、契丹事迹、燕京會要、契丹實錄、契丹疆宇圖、契丹朝獻禮物例、契丹志、燕北錄、慶歷奉使錄、匈奴須知、北志、契丹須知、張浮休使遼錄、趙志忠陰山維錄、契丹會要、西夏雜記、西戎聚米圖經、西夏須知、女眞實錄、范仲熊北錄、平議北中錄、征蒙記、雜記金國事、北都驛程圖、松漠紀聞、鄭汝諧聘燕錄、燕北金疆地里記、雞林類事、高麗行程錄、高麗日本傳、高麗圖經、西州使程經、蕃爾雅、蜀爾雅、北中方言、正和大理國入貢記、梁二十八國職貢圖、湘中山水記、續南荒錄、續廬山記、豫章舊圖經、江州舊圖經、綠林庾辭、宋沈德遠南越志、金國世系、至道雲南錄。

子 部

儒家類 一〇六部	曾子、晏子春秋、晏子內外篇、孟子、荀子、孔叢子、揚子法言、陸續注太玄經、集注太玄、許嵩老法言訓詁、白虎通、王符潛夫論、仲長統昌言、荀悅申鑒、鹽鐵論、劉向新序、劉向說苑、唐劉貺續說苑、陸賈新語、賈誼新書、魏徐幹中論、齊顏之推家訓、隋李文博中興書、臣範、帝範、虞世南帝王論略、楊相如君臣政理論、牛希濟理源、文天中子中說、龔輔之注中說、薛氏注元經、唐林愼思續孟子、晉楊芳五經鉤沉、唐宋敬則十代興亡論、魏蔣濟萬機論、魏鄭公時務策、唐劉迅六說、唐李恕已戒子拾遺、杜佑理道要訣、河亮本書、帝學、黃希聲偶子、周子通書、周子太極圖、南軒太極圖解、朱氏通書太極圖解、正蒙、劉原復、劉原父七經小傳、劉原父弟子記、二程先生遺書、邵康節皇極經世、呂滎陽雜說、治道中術、刁衍本說、儒志、張芸叟戹言、張子前書、張子志書、王觀天鬻子、范蜀公正書、黃君俞泉書、伊川經解、師說、龜山經說、三經義辨、九經餘義、日錄字說辨、諸儒名道集、陳無已理究、橫渠語錄、橫渠理究、呂氏雜說、節孝先生語、上蔡語錄、劉元城語錄、劉元城談錄、元城道護錄、洙泗言仁說、龜山語錄、河南雅言、張無垢心傳語（附語錄）、胡氏傳家錄、涪陵記善錄、司馬溫公家範、呂氏童蒙訓、子家子、程氏廣訓、林子誨語錄、呂伯恭閫範、劉清之訓蒙、孝弟類鑒、女誡、廣川家學、修學門庭、余氏至言、程尙嘗極書、石林審是錄、范氏正蒙、省心雜言、程尙書考古編、四注法言、司馬溫公註法言、御製承華要略、御製正說、邇英聖問、觀文鑒古圖。
雜家類 四十七部	呂氏春秋、管子、商子、愼子、韓非子、子華子、鄧析子、董子、魯連子、鬼谷于、燕丹子、墨子、公孫龍子、尸子、尹子、劉子、傅子、殷子、孫子、淮南子、炙轂子、風俗通義、王充論衡、魏劉邵人物志、金樓子、梁庾仲容子抄、馬總義林、馬融中心經、唐吳筠兩同書、顏師古刊謬正俗、李涪刊誤、資暇集、蘇氏演義、唐邱光庭兼明書、程氏演繁露、隋李博中興書（重出）古今語錄、長短要述、造化權與、唐趙勔、李氏雜說、敷陽子、諸子談論、賈公餗山東野錄、洪氏雜家、羅隱讒書、尹文子。
道家類 一一四部	古文老子、王弼注老子、漢奕老子音義、漢安邱注老子、嚴遵老子指歸、晉孫盛老子攷訊、唐明皇註老子、唐陸希聲老子指解井問答、三十家注老子、賈清夷老子疏、王碩老于疏、老子藏室纂微、李榮註老子、陳鼻解老子、李畋老子音解、達眞子老子解、司馬溫公老子解、蘇黃門老子解、王元釋老子解、呂惠卿老子解、毛達可老子解、王懋才老子解、列子、莊子、文子、徐靈府註文子、朱弁註文子、亢倉子、王士元注亢倉子、鶡冠子、陸右丞注鶡冠子、關尹子、天隱子、抱朴子內外篇、元眞子、唐吳筠元綱論、無能子、觀妙經、紫府元珠、潘凱二化論、周府朴天道論、杜光庭大寶論、莊子邈、宋齊丘化書、赤松子中誡經、張融理同論、劉向列仙傳、續仙傳、葛洪神仙傳、高道傳、仙苑編珠、周氏冥通記、洪崖先生傳、眞系傳、許先生傳、疑仙傳、陳眞人傳、唐吳簡傳、西山十二眞軍列傳、徐神翁語錄、王雲中內傳、杜光庭錄異記、福地經、洞天經、湖湘顯異、青城山靈異紀、瀨鄉記、唐泰清宮簡要記、祥符奉迎聖像記、楊希文註黃庭

	經、神景內經、皇極糸述黃庭經、參同契、西山群仙會眞記、中皇眞經、參同肘後方、穎陽記、石藥爾雅、盧郴本草、靈芝記、參同分章通義、登眞隱訣、雲笈七籤、道樞、上清文苑、靈仙賦集、毛仙翁詩、大小游仙詩、古今道德經、河上公註道德經、王弼老子略論、老子枕中經、莊子疏、御注道德經、孫盛老子糾、眞誥、胎息經、黃庭內景經、密語、聶具人傳、樂史洞仙集、傳仙師傳、江西續仙錄、侯眞人傳、三校解紛論、正性論、元道眞經、九轉合同要義、混元經、青城山雜錄、大丹法、太元寶典、許眞君如意方、鍾離眞人靈寶畢法。
釋家類 六一部	金銀字傳、大士頌、金剛經、六祖金剛經解義、王荊公注金剛經、華嚴經、楞嚴經、圓覺經、愣嚴經疏、圓覺經疏、維摩經疏、六祖壇經、正法眼藏、馬祖四家錄、笑道論、非韓論、萬善同歸、原人論、弘明集、廣弘明集、通明論、佛教總年、佛運統紀、僧寶傳、續僧寶傳、僧史、僧史略、高僧傳、法藏碎金、裴休問源禪師承襲圖、宗門統要、釋氏要覽、祖庭事苑、釋氏六帖、傳燈錄、臨濟譜錄、雲門語錄、勇禪師語錄、普融禪師語錄、詔國師語錄、諸祖偈頌、麗居士詩、文慧武庫、林閒錄、芙蓉般陽集、北山錄、端禪師語錄、無住語錄、釋梵、雪寶語錄、近世脅者語錄、古塔主語錄、晁文元耄智餘書、道院集要、禪源諸詮、風穴語錄、謝陽以下二十二家語錄、德仙語錄、曹洞語錄、長蘆覺語錄、法雲語錄。
農家類 二一部	夏小正、唐刪定月令、唐註月令、四時纂要、齊民要術、千金月令、韋氏月錄、荊楚歲時記、秦農要事、鄙記、四民福祿論、李邕金谷園記、玉燭寶典、山居忘懷錄、歲時廣記、范如圭田書、林勳本政書、曾安正禾譜、農器譜、錦帶、輦下歲時記。
兵家類 三八部	司馬法、太公兵法、黃石公三略、孫子、吳子、尉繚子、李靖集太公兵法、李衛工兵法問答、七書、十一家註孫子、杜牧註孫子、風后握機、風后握機贊、黃帝陰符經、黃石公素書、八陣法、諸葛亮將苑、諸葛亮十六策、太白陰經、水眞人鏡、古令兵要、武經總要、郭元振安邊策、李光弼統軍祕策、御戎要訣、劉煥平燕策、劉牧平戎策、神機武略、武略清邊、重修武經總要、千古兵要、唐李筌闊外春秋、呂夏卿唐兵志、何博士備論、神武祕略、百將傳、兵法精義、慶歷軍錄。
數述家類 九五部	甘氏星經、張華列象圖、周髀經、天文機要圖、天象賦、星經簿讚、仰視纂微、錦囊書、步天歌、宋濤天文書、皇朝天文書、姚令威註天官書、集著天官書、紹聖疑象法要、銅壺漏編、刻漏規矩、官曆刻漏圖、青蘿妙慶曆、四歷剝蝕考、十一曜細行歷、景祐乾象新書、七政歷要、開元大衍歷議、長慶宣明歷、紀元歷經、崇文歷經、康定轉神歷、熙寧奉元歷、元祐觀天歷、紀元歷書、林永叔歷學、黃若只儀、大衍宣明貞元欽天奉天儀、吳氏荊璞集、元崇眞眞明天官天歷草、王普荊璞指瑕、大國大明日歷、高麗日歷一卷、洪範正鑒、感應類從志、譙子五行志、三鏡篇、握鏡圖、東方朔書、李淳風乙己古瑞錄、太乙數、太乙分節要、太乙金鏡、太乙福應經、皇帝祛感經、乙酉式、遁甲符應經、萬勝篇、遁甲決勝歌、黃石公靈棋經、遁甲式心、員卓專征賦、遁甲南經、入遁式

	歌、遁甲兵機舉要、三元賦、遁甲立成、萬一訣、地鑑經、彈冠必用、京房易積算法、京房周易律歷、焦氏易林、周易卦氣占驗法、六壬旨、越覆書、六壬洞玄撰、百章歌、六壬證疑、通微要式、課鈴、民望經、、六壬心鏡、玉歷、六人破迷經、六壬玄髓經、六壬黑煞經、五行要畧、六壬金口訣、鬼谷子玉函經、地理賦、相書、土圭法、司馬經、太乙訣、司天經、京氏易占、銀河局秘訣。
小說類 二〇〇部	世說、續世說、劉孝標俗說、殷芸小記、世說新語、世說敍錄、封氏見聞志、摭言、大唐新語、顏之推八代談藪、朝野僉載、僉載補遺、盧子易史、紀聞談、抒情集、三水牘、洛陽舊聞、柳氏舊聞、窮愁志、柳世家學要錄、杜陽雜編、尙書故實、常侍言旨、秀師言記、嵐齋集、元眞子偈、松窗錄、盧氏雜說、佐譚、唐朝新纂、廬陵官下記、灌畦暇語、觀時集、因話錄、雜纂、劇談錄、雲溪友議、談賓、龍城錄、幽閒鼓吹、玉泉筆端、醉鄉日月、雲仙散錄、秘閣閒談、戎幙閒談、南唐近事、秘閣雅談、漢隋遺錄、教坊記、地里志、鑒戒錄、五代新說、林下談笑、李文公談錄、張文定同歸小說、太平小說、陽文公談苑、李文正談、丁晉公談錄、王文正筆錄、國老閒談、春明退朝錄、東齋記事、歐陽歸田錄、孔毅父雜志、李圭復起聞、嘉祐雜志、歐公筆錄、宋景文筆記、王彥輔麈史、道山新聞、南部新書、南部煙花錄、星江野錄、星法野錄、該閒錄、隨手錄、東皋雜錄、東軒筆錄、湘山野錄、玉壺清話、談圃、傅公嘉話、沈氏筆談、沈氏續筆談、龍川志、龍川略志、碧雲騢、釋稗、涷冰紀聞、青箱雜記、青瑣高議、百一紀、師友談記、甲申雜錄、張子賢墨莊漫錄、張芸叟野語、畫墁錄、張芸叟野語、晁氏談助、曲洧舊聞、漫堂隨筆、蒙齋筆談、金鑾退朝錄、侯鯖錄、春渚紀聞、倦遊錄、西齋話記、呂氏家塾廣記、呂紫微雜說、曾南豐雜志、開談錄、五總志、王惟之默記、青瑣摭遺、吳氏漫錄、墨客揮犀、東坡雜說、脞說、談叢、方氏泊宅編、石林燕語、石林避暑錄、胡珵蒼梧雜志、楊迴金淵書、萍洲可談、南齋雜錄、章深稿簡贄筆、王氏學林、南遊記舊、楊彥齡筆錄、韓易見聞異辭、陶朱新錄、閒燕常談、南窗紀談、徐敦立卻掃編、湘陰舊話、姚令威叢話、趙彥從肯綮錄、林下放言、獨醒雜志、蓬然先生雜說、朱丞相秀水間居錄、朱新仲雜志、吳箕常談、容齋雜志、王明清投轄錄、揮麈錄、呂氏雜抄、軒渠錄、張華博物志、任昉述異記、每物異名記、梁吳均續齊諧記、西湯雜俎、補江總白猿傳、洞仙集、宣室志、幽怪錄、續幽怪錄、異聞集傳、清異錄、搜神記、感定錄、辨疑錄、大唐奇事、耳目志、顏之推還冤志、幽明雜警、稽神錄、搜神摭錄、括異錄、稽神秘苑、京本、太平廣記、夷堅志、呂南公測幽、物類相感志、補妒記、類說、唐語林、乾饌子、角力子、植萱錄、文場盛事、劉公嘉話、傳奇、怡顏集、前定錄、異聞錄、洛中記異、文昌雜錄、玉堂閒話、郡閣雅言、茅亭客話、洞微志、野人閒話、友會蔡談、蔡訴條神文。
雜藝類 五二部	法書要錄、法書苑、金壺記、書詁、墨藪、書斷、述書品、書品論、翰林禁紀、字源、書品優劣論、籀史、法帖釋文、歷代名畫記、畫斷、畫評、總畫集、名畫遺補、米氏書畫史、圖畫見聞、李王閣中集、寶章待訪集、德隅堂畫品、蔡京內閣畫跋、孫子算經、海島算經、九章算經、

	五曹算經、投壺經、五陵雜格、棋訣、棋譜、棋經通玄集、琴錄、琴譜、貞觀公私畫錄、續畫錄、後畫錄、名畫獵精錄、五經算術、張丘達算經、緝古算經、方圓算經、方圓益古算經、曹唐算經、法算繫歷、棋經、進士采選、補漢官儀、宣和采選譜、雙陸格。
譜錄類 六四部	宣和博古圖、考古圖、李伯時古器圖、晏氏辨古圖、石鼓文譜、石鼓文考、玉璽記、八寶記玉璽譜、玉璽議、鏡錄、鼎錄、刀劍錄、文房四寶譜、續文房四譜、硯錄、墨經、墨說、墨苑、端硯譜、歙硯譜、桐譜、顧煜泉志、封演泉志、董彥遠錢譜、李孝美錢譜、洪氏泉志、陶岳貨泉錄、錦譜、璿璣圖記、沈氏香譜、洪氏香譜、天香傳、陸氏茶經、北苑茶經、宣貢和茶經、呂茶要錄、張又新煎茶水記、毛文錫茶譜、茶總錄、北山酒經、酒譜、酒經、小名錄、侍兒小名錄、補侍兒小名錄、警年錄、禾譜、牡丹記、洛陽花木記、洛陽花譜、揚州芍藥譜、歐公牡丹譜、筍譜、竹譜、續竹譜、禽譜、別本禽譜、相鶴經、養魚經、蔡氏茶錄、萱堂香譜、慶歷花譜、荔枝譜。
類書類 七〇部	修文殿御覽、太平御覽、天和殿御覽、文思博要一卷、文樞要錄、藝文類聚、語麗、冊府元龜、劉存事始、馮鑑續事始、劉馮事始、經史事始、事物紀元、徐子光註蒙求、三國蒙求、本朝蒙求、唐史屬辭、敘古蒙求、小說蒙求、葉才老和蒙求、會史、劉昆山集數、事類賦、經史類對、海錄碎事、實賓錄、陸機要覽、兔園冊府、采箱子、文館詞林、玉屑、分門、節要、金鑰、備忘小抄、開卷錄、編珠、文選字類、文選雙字、五色線、蘇氏選抄、北堂氏抄、班左訓蒙、記式新書、前漢六帖、應用集類、備舉文言、初學記、六帖學林、白氏六帖、孔氏六帖、晏公類要、戚苑英華、搜天錄、類題玉冊、題淵、玉山題府、續提府、慶歷方題、黃帝內經、選類、文選華句、雜距集、書序指南、續通典、唐會要、通典、五代會要、國朝會典、四朝會要、政和續修會要、中興會要。
醫書類 五四部	本草、類証圖經本草、八十一難經、難經疏、甲乙經、仲景傷寒論、千金方、千金易方、外臺祕要方、銅人鍼灸經、王叔和脈訣、唐王冰六脈玄珠、龐安常傷寒論、膏肓腧穴灸法、傷寒證法、傷寒要旨、傷寒遺法、傷寒論翼、蘭室寶鑑、華佗中藏經、脈經、太平聖惠方、朱肱活人書、文潞公藥準、大智禪師必效方、雞峰備急方、贛上證俗方、養生必用方、保生十全方、丁晉公服食方、李深之手集方、衛濟寶書、許本志可事方、石藥爾雅、錢乙小兒方、曹王普惠方、傷寒百問方、海上名方、內外景圖、氣運錄、聖濟經、巢氏病源、金匱要略、劉涓子神仙方、廣濟方、靈苑方、蘇沈良方、孫兆方、古今必效、旅舍備要方、小兒保生方、。

集　部

別集類 六四三部	漢揚雄集、漢張超集、枚乘集、孔光奏章、唐林奏章、酈炎集、李尤集、蔡邕集、張衡集、董仲舒集、劉向集、魏武帝集、文帝集、明帝集、陳思王集、王粲集、陳琳集、阮公瑀集、應德璉集、徐偉長集、劉公幹集、阮籍集、陸雲集、陸機集、嵇康集、張華集、潘岳集、傅玄集、江統集、張敏集、十四賢集、郭景純集、魏武帝詩、顏延之集、謝惠連集、謝莊集、沈休文集、陶淵明集、遠法師廬山集、謝玄暉集、鮑昭集、王僧達集、謝靈運集、齊王融集、孔德彰集、梁昭明太子集、簡文帝集并詩、庾肩吾詩、劉孝威集、劉孝綽集、何遜集、任昉集、庾信集、吳均集、徐陵集、陶弘景集、陰鏗集、江淹集、陳後主集、沈烱集、張正見集、江總集、唐太宗集、明皇集、王績東科皋子集、許敬宗集、陳子昂集、張曲江集、蘇頲集、張說、駱賓王、崔融、盧照鄰、王勃、楊烱、宋之問、元次山、高適、王維、獨孤及、沈亞之、蕭穎士、杜甫、李白、韓文公、栁宗元、皇甫湜、李翺、孟東野、歐陽詹、劉禹錫內外集、元積長慶集、白居易長慶集、呂溫、權德輿、陸宣公翰苑集、王仲舒制誥稿、常袞、楊炎、程晏、李程、梁蕭、李衛公會昌集、孫樵、孫逖、杜牧、沈雲卿、李義山、牛僧儒、陳黯、顧況、符載、蔣防、劉子夏、崔嘏制誥集、李翰、穆員、李觀、王貞白、任希古、孫郃、陳陶、林藻文集、毛欽一、丁稜、李甘、李華、陸龜蒙、戎昱、戴叔倫述稿、劉蛻文泉子、張登、顧雲編稿、嚴從中黃子、黃璞霧居子、秦韜玉投知錄、盧肇文標集、令狐楚表奏事、于公異奏記集、鄭略敕語集、鄭畋堂判集、段成式漢上題集、鮑溶、賈至、皮日休、殷璠丹陽集、司空圖一鳴集、麴信陵、薛瑩洞庭集、姚合極玄集、李光武、李琪篋中集、王穀觀光集、松陵唱和集、唐彥謙、顏魯公、岑參、裴晉公、樊宗師、王侍講、劉商、吳筠、南唐李後主、南唐潘佑、羅隱、韋蘇州詩集、李嘉祐、張佑、孟浩然、施肩吾、吳融、許渾丁集、劉義、鮑容、薛逢、王貞白靈溪集、裴夷直、朱景玄、耿緯、劉希夷、李涉、李殷、薛能、李紳追昔遊編、邵謁、來鵠、李長吉、江為、王藻、張碧、盧仝、張蠙、賈島長江集、孟濱子、孟唐、張籍、錢起、許用晦、沈下賢、劉長卿、方雄飛、李君虞、王無功、張承吉、儲光羲、鄭都官、李益、武伯蒼、司空曙、李端、張喬、韓翃、楊巨源、陸暢、周賀、張繼、李頻、朱餘慶、林嵩、王棨、李順、郎士元、于鵠、李廓、李峴、于鄴、于武陵、冷朝陽、祖詠、鄭巢、綦毋潛、周濆、竇叔向、雍裕子、李適、劉憲、武平一、趙彥昭、陶翰、盧象、竇鞏、秦韜玉、包幼正、蘇味道、徐鴻、崔湜、李遠、崔灝、王司馬、顧非熊、崔國輔、栁談、唐求、顧在鎔、王涯詩又宮詞、張仲素歌詞、張拾遺筆詞、令狐楚歌詞、武元衡、李公垂、朱灣、朱放、高蟾、楊衡、沈彬、林寬、嚴鄆、章碣、崔曙、曹唐、劉滄、喻鳧、曹鄴、趙嘏、劉得仁、許棠、馬戴、項斯、姚鵠、任潘、陳羽、聶儀中、于濆、劉駕、王昌齡、崔道融東浮集、章孝標、劉威、崔魯、石召、孟賓、司馬札、李久齡、僧靈一、僧無可、僧修睦、皇甫冉、殷堯藩、韓琮、喻坦之、徐凝、溫飛卿、韓偓、司空圖、杜荀鶴、韓偓香奩集、王建宮詞、王建集、大曆浙東聯句、竇氏聯珠集、羅虬比紅兒詞、蜀花蕊夫人宮詞、常建、裴說、周朴、劉乙、李昌符、李甫山、周系、龔霖、能孺登、鄭崇、鄭愚、徐浩、羊士諤、

包何、張南史、李羣玉、于勃、李咸用、方千、南唐李建勳、眞宗皇帝、徽宗皇帝、范質、陶穀、張洎、李志、徐鉉、賈黃中、蘇易簡、宋白、田錫臧平集、王元之小畜集、錢希白金閨集、冠萊公巴東集、丁晉公、楊文公武夷集又別集、宋宣猷秘殿常山集、晏元獻二府集、紫微集、劉筠榮遇集、錢文僖擁旄集、伊川集、李邯鄲書殿集又筆話、百文莊集、枺仲塗、宋宣獻操縵集、緹巾集、宋景文、范文正、余襄公、石守道徂徠集、李泰伯旴江集、蘇國老、趙彥石儒林舊德集、歐公、江鄰幾、梅聖俞、蘇子美、二尹、蔡君謨、杜默詩豪集、章望之道窮集、王文公臨川集、張安道樂全集、又玉堂集、曾子固元豐類稿、又續集、王逢原、王深文、王容季、王觀、劉原父、劉貢父、王元澤、王和父、王平甫、曾子宣、曾子開、老蘇嘉祐集、東坡前後集、子由欒城集、三蘇遺文、韓忠獻安陽集、司馬文正、龐莊敏清風集、范蜀公、呂正獻、韓持國南陽集、王岐公華陽集、元厚之玉堂制集、玉堂詩集、青啓集、文潞公、蘇魏公、祖擇之范陽集、陳述古古靈先生集、宋敏求東觀絕筆、王原州遺文、鄭毅夫郎溪集、彭器資、王嚴叟大名集、劉中肅、李邦直、陽元素、錢穆父、強幾聖、周濂溪、明道先生、伊川先生、橫渠先生、胡文恭、呂元鈞、陸農師、呂南公灌園集、馮文簡、范忠宣、章子厚內制、王子發元豐懷遇集、徐仲車、龔輔之東原集、鄭介夫西塘集、黃魯直、張文潛、秦少游淮海集、晁無咎雞肋集、陳後山集、趙承之集、李之儀姑溪集、范淳父、張浮休集、李成季樂靜集、王澤民、三沈先生、齊祖賢良集、任德翁乘桴集、游定夫、黃冕仲演山集、陳了齋、鄒道鄉、晁說之、李格非、張天覺集、田承君集、劉斯立、崔德符、鄧考功、唐子西、廖明略、呂希純紫薇集、楊傑無為集、畢仲游西臺集、清江三孔集、李履中澹水集、林子甲、邢和叔、蔡天啓浮玉集又丹易集、二林、葉棣、鮑當清風集、羅正之赤城集、吳思道、王防、邢淳夫呻吟集、劉揮東歸集、戚同文孟諸集、馬之才、杜澤氏鄧城集、劉偉明、慎伯筠、黃長壽東觀餘論、林和靖、鄧肅枡櫚集、石孝若、王賢良策論、沈興宗、吳准、李新跨鼇集、徐德占進卷、洪駒父老圃集、徐夫人詩、女郎曹希蘊詩、女郎謝希孟、鄭褒、張乖崖、孫明復睢陽集、向文簡公、呂獻可、楊文公刀筆集、歐陽公刀筆集、宋景文刀筆集、東坡刀筆集、王發進卷、張臺卿盤谷集、周行已、呂與叔芸閣集、程俱北山集、呂叔巽、謝无逸、謝幼盤、呂居仁、楊龜山、王初寮、梅執禮、蘇後湖、毛友爛柯集、曾紆空青集、蘇擂雙溪集、許志仁、王瞻叔、韓子昌陵陽集、高彥先東溪集、龐祐甫白蘋集、李忠愍、包欽正、秦會之表集、林元凱、張叔夜、周孝隱梯米集、張全眞、周麟之、汪彥章、陳簡齋內外制、孫叔諧內外制、湯進之內外制、林待聘內外制、葉石林集略、邵公濟集、呂元直集、李漢老草堂集、翟公巽集、張右丞集、王居正竹西集、沈與求龜西集、方秘監集、吳則禮集、張巨山、朱喬年韋齋集、胡氏將、劉行簡、熊叔雅、趙德莊、朱伯原、鄭成之、程仁奏稿進卷、相伯仁、陳知默、李先之章貢、陳邦光、畢良史又繙經堂詩倪俌綺川集、章叔度集、胡五峰詩、葛文康丹陽集、葛謙問歸歟集、李吉先、曹直詩、傅察、傅安道、張南軒、張于湖、李宜言、竹軒雜著、苗彥先、游畏齋、邵緝荊谿集、仲彌、馮蹇叔、芮國器、梁文靖、汪瑞明內志、溫景盧內外制、趙叔莊、王夢得、程正伯、錢聞詩全室翁集、曹勛松隱集、曾覿蓮集、張鎡南湖集、黃陳詩註、李襄公詩、遠遯翁詩、關子東詩、鄭湛詩、林

	和靖詩、蔡堅老詩、徐堅東湖集、邵堯夫擊壤集、強常州詩、危先生詩、劉景文橫槊、陳子高天台集、江彥章選荊公詩、張商英西山倡和、會稽公倡和、陳簡詩、王君玉詩、吳思道詩、孔子詩戲、趙叔靈詩、晁君成詩、鄒德久和陶詩、劉無言詩、姚揆詩、夏均父詩、汪信民集、朱新仲詩、周元忠詩、張彥實東窗詩集、朱喬年玉潤集、藏海居士詩、呂景實詩、唐仁傑詩、晁伯封邱詩集、蘭齋岳陽紀咏、趙獻簡詩、蘋溪詩集、楊誠齋詩、陸務觀詩、羅瑞良詩。
奏章類 一〇〇部	唐魏鄭公諫章、唐郭子儀奏議、唐陸宣公奏議、唐李絳論事集、唐鄭畋論事集、唐于公異奏記集、唐令狐楚表奏集、唐李磎奏議、唐韋莊公諫草、南唐陳致雍曲臺奏議、唐名臣議、唐名臣奏議、趙韓王諫藁、王元之奏議、田錫奏議、富鄭公箚子奏議集、韓魏公諫垣存草、范蜀公奏議、呂獻可奏議、歐陽文忠公從諫集、龐莊敏奏議、賈魏公奏議、包孝肅奏議、余襄公諫草、趙清獻奏議、楊元素熙寧臺章、又熙寧諫疏、王明叟奏議、王嚴叟大名餘藁又奏議、孫威敏奏議、博堯俞奏議、梁燾奏議、王荊公奏議、呂汲公奏議、文潞公奏議、劉忠肅奏議、韓持國奏議、范忠宣國論、蘇文忠奏議、蘇黃門奏議、劉器之盡言集、曾子開奏議、范德孺奏議、趙瞻奏議、陳次生奏議、任德翁奏議、常安民紹聖諫疏、孫升元祐諫疏、上官均奏議、龔敏肅奏議、江民表奏議、鄒忠公奏議、蔡韜臺章、劉孝肅奏議、張天覺奏議、孫內翰經緯集、錢彥遠諫垣集、張芸叟奏議、錢安道奏議、董令升奏議、劉侍制諫章、傅先生奏議、丁隲奏議、林子中奏議、鐵腳御史奏議、陳閒樂奏議、呂居仁奏議、李伯紀奏記、陳國佐奏議、張全真奏議、蘇季真奏議、章直叟奏議、劉大中奏議、趙忠簡奏議、葉石林奏議、劉珏奏議、林待聘奏議、霍叔豹奏議、曾元忠奏議、石侍御風憲集、張魏公奏議、范元長奏議、八門名臣奏議、骨鯁奏議、三老奏議、元祐章疏、建炎以來章疏、戊午讜議、田錫章疏別集、范文正奏議、又政府奏議、朱光庭奏議、吳執中奏議、陳公輔奏議、范忠宣彈事、王韶熙河奏議、馬仲塗奏議、劉隨諫草。
總集類 一一六部	楚辭、洪氏補注楚詞、趙氏定楚詞、晁氏續離騷、晁氏變騷、周少隱楚詞贅說、天問章句、文章、古文苑、李善注文選、五臣注文選、。文苑英華、孔道文苑、西漢文類、秦漢遺文、三國志文類、漢唐策要、唐文粹、唐史文類、南北雜文、類文、聖宋文粹、皇朝文鑑、本朝二百家文粹、四先生文粹、西漢詔公、西漢詔書、唐大詔令、咸通表奏、大中制誥、太平西制、五代制誥、唐以後詔敕錄、本朝大詔令、玉堂集、中興玉堂制草、續玉堂制草、續西垣制草、唐章奏類、唐類表、輔弼名對、本朝群公奏議節要、唐良表、唐人類啟、唐臨淮尺題、唐羽書集、本朝尺牘、仕塗必用、詞林類藁、龍筋鳳髓判、余襄公判詞、典麗賦、宏詞類總、羣策纂要、詔武遺文、古詩選、唐五言詩、唐七言詩、續增五言七言詩、古樂府、樂府詩集、唐百家詩選、皇宋百家、樂府逸詞、花間集、江西詩派、詩苑英華、唐中興閒氣集、唐河岳靈集、太平文華、唐又元集、大歷浙東聯句、羣英聯句、西崑詩、寶刻叢章、聲畫集、玉臺新詠并後集、唐才調詩、唐詩類選、九釋詩、宋文海、緘啟新範、名賢四六集、皇朝制誥、瑤池集、成都文類、盧陵集并續集、瑤池集、丹陽集、揚州集又賦、岳陽名賢詩、許偶倡和集、漢南酬唱、吳興詩、嚴州集、天台

	詩文、桃源詩、汝川圖集、石鼓山壽詩、嚴州詩、齊安集、于越紀咏、京噤、延平集、湟州集、金山詩、荊門詩、池陽集、括蒼集、小有洞庭前後集、江夏紀咏、滁陽慶歷集、無爲集、廬山集、宣城集、華鎮會稽覽古詩。
文史類 二九部	梁劉勰文心雕龍、梁任坊文章緣起、梁鍾嶸詩品、晉李充翰林論、馮鑒修文要訣、唐登科題解、文選同異、詩史音辨、詩史總目正異、詩話集類、詩苑類格、敘事詩話、詩談、韻語陽秋、黃微詩話、周少隱詩話、王明之詩話、王性之詩章並後記、苕溪漁隱叢話、筆墨閒錄、見聞錄廣類、烏臺詩案、詩話雋永、靜照詩話、唐宋詩話、洪駒父詩話、詩話總龜、漢皋詩話、歸叟詩話。
樂曲類 一四部	唐花間集、馮延己陽春集、黃魯直詞、秦淮海詞、晏叔原詞、晁次膺詞、東坡詞、王逐客詞、李後主詞、楊元素本事曲、曲選、四英樂府、錦屏樂章、樂府雅詞。